Données de catalogage avant publication (Canada)

Vedette principale au titre :
   Drogues : savoir plus, risquer moins
   Éd. originale : Montréal : Stanké, c2001
   « Ce qu'il faut savoir : alcool, amphétamines, cannabis… ».
   Comprend des réf. bibliogr. et un index.

   ISBN 2-551-21850-0

   1. Drogues. 2. Drogues – Effets physiologiques.
   3. Drogues – Statistiques. 4. Drogues – Droit – Québec (Province).
   5. Toxicomanie. 6. Toxicomanie – Prévention. 1. Québec (Province).
   Comité permanent de lutte à la toxicomanie.
   HV5801.D745 2003   362.29   C2203-941451-5

Comité permanent de lutte à la toxicomanie
970, rue de Louvain Est
Montréal (Québec) H2M 2E8
Téléphone : (514) 389-6336
Télécopie : (514) 389-1830

Courriel : info@cplt.com
Site Web : www.cplt.com

Imprimé au Québec (Canada)
Diffusion au Québec : Québec-Livres

LE COMITÉ PERMANENT
DE LUTTE À LA TOXICOMANIE

Le Comité permanent de lutte à la toxicomanie (CPLT) est un organisme gouvernemental qui a pour tâche principale de conseiller le gouvernement du Québec en regard de la toxicomanie. Ses préoccupations portent autant sur les problèmes liés à l'usage et à l'abus de substances psycho-actives que sur les actions à entreprendre pour trouver des solutions à ces problèmes.

Le mandat qui a été confié au CPLT par le ministre de la Santé et des Services sociaux consiste à:

- procéder chaque année à une analyse de la situation générale qui prévaut au Québec dans le domaine de la toxicomanie ;

- conseiller le gouvernement au sujet des orientations qui devraient être retenues et proposer des priorités d'action ou des domaines d'intervention à privilégier ;

- identifier les sujets de recherche les plus susceptibles de faire progresser les connaissances et la compréhension de la toxicomanie ;

- formuler des avis sur les questions importantes relatives à cette problématique.

Pour mener à bien son mandat, le Comité participe à plusieurs activités publiques, agit en tant qu'expert-conseil et organise des rencontres favorisant le transfert des connaissances. Le CPLT produit également chaque année des études, des recherches, des avis, des rapports, ainsi que des outils d'information, issus des consultations qu'il mène auprès des différents réseaux concernés par la toxicomanie. Ses travaux font l'objet d'une large diffusion et aident à guider les réflexions et les actions des intervenants du Québec.

SOMMAIRE

AVANT-PROPOS

**Comité
permanent de lutte
à la toxicomanie**

Québec ✦✦
     ✦✦

Drogues : savoir plus risquer moins figure actuellement
parmi les livres les plus populaires au Québec avec
75 000 copies vendues en moins de deux ans. Le
succès instantané de cet ouvrage, auprès d'individus de
tous âges et d'intervenants de milieux très diversifiés,
nous démontre, sans l'ombre d'un doute, qu'il existe un
besoin pressant d'information au niveau des drogues et
des risques associés à la consommation de ces produits
qu'on appelle aujourd'hui « psychotropes ». En plus
d'offrir des renseignements pratiques, cette publication
vise aussi, dans un souci de prévention, à aider chaque
personne à prendre des décisions éclairées lorsqu'elle
se retrouvera inévitablement confrontée à ce phénomène
qui touche l'ensemble de la population.

Le Comité permanent de lutte à la toxicomanie souhaite
donc poursuivre sa mission et continuer d'offrir de l'information qui rend compte de l'évolution des substances et
des nouvelles connaissances acquises, en proposant une
édition bonifiée de *Drogues : savoir plus risquer moins.*
La version 2003 contient, entre autres, une cinquantaine
de pages additionnelles, ainsi que les statistiques les plus
récentes pour chacune des substances qui y sont présen-
tées. On y retrouve un contenu révisé, reflétant davantage
le portrait du Québec en matière de consommation de
substances psychotropes, tout en conservant la qualité et
la rigueur scientifique de la version précédente.

Rappelons que ce projet a débuté en 2000 lors d'une
mission du ministère de la Santé et des Services
sociaux en France. Au cours de ce voyage, la déléga-
tion du Québec découvrait ce livre publié par la Mission
interministérielle de lutte contre la drogue et la toxicomanie (MILDT) et le Comité français d'éducation pour la

santé (CFES), en réponse à une absence d'information crédible et actuelle sur les drogues. Cette lacune, qui existait aussi au Québec, nous incita à offrir à la population, grâce à la mise en commun des efforts de nombreux collaborateurs, une version québécoise qui remporta un vif succès, tout comme ce fut le cas initialement en France où plus d'un million d'exemplaires furent vendus.

Nous souhaitons, à cet égard, remercier monsieur Didier Jayle, président actuel de la MILDT, qui nous a gracieusement permis de publier cette nouvelle version, une autorisation qui s'inscrit dans la continuité de celle accordée par son prédécesseur, madame Nicole Maestracci.

Nous profitons aussi de l'occasion pour remercier monsieur Philippe Couillard, ministre de la Santé et des Services sociaux, qui a accepté de contribuer au financement de cette deuxième édition, permettant ainsi de la rendre accessible à un très large public partout à travers le Québec. Finalement, nous remercions tous les collaborateurs qui ont participé à l'élaboration de ce document de référence qui favorisera, nous en sommes persuadés, une meilleure compréhension des phénomènes liés à la présence des drogues dans notre société et, nous l'espérons, permettra d'en prévenir les méfaits.

Rodrigue Paré
Président
Comité permanent de lutte à la toxicomanie

Québec ✤✤

On disait autrefois : « La crainte est le commencement de la sagesse. » C'était d'ailleurs là le fondement d'une approche essentiellement répressive en matière de substances psychotropes. De plus, on a longtemps hésité à faire confiance au jugement des gens et à leur capacité de contribuer à leur propre santé. Comme si l'ignorance pouvait constituer une protection contre l'usage abusif des drogues. Mais les mentalités changent et aujourd'hui, on dira plus volontiers : « La connaissance est le commencement de la sagesse. »

Chose certaine, en matière de consommation d'alcool ou de drogues, il faut s'assurer que nos concitoyennes et concitoyens ont une bonne connaissance des faits. Ils doivent aussi saisir les liens qui existent entre une décision, voire un coup de tête, et ses conséquences à long terme. La population est tout à fait capable d'assimiler de l'information, même complexe, pour ensuite modifier ses comportements en conséquence. Encore faut-il que cette information lui soit présentée de façon claire, directe, empathique et, surtout, dénuée de tout jugement moral.

Le défi d'en arriver à ce parfait dosage a été relevé avec brio par les auteurs du guide *Drogues : Savoir plus, risquer moins.* Vous tenez entre vos mains la deuxième édition de l'ouvrage à laquelle le ministre de la Santé et des Services sociaux est fier de d'associer. Elle respecte la trame générale qui a fait le succès de la parution antérieure, en y incorporant un certain nombre de renseignements supplémentaires et de mises à jour.

Je suis convaincu que ce guide sera extrêmement utile à quiconque s'intéresse aux substances psychotropes. Je songe en particulier aux jeunes qui pourraient être tentés d'en faire usage, ainsi qu'aux proches des personnes ayant un problème de consommation abusive. Il s'agit également d'un précieux instrument de travail pour celles et ceux qui interviennent en matière de toxicomanie et d'alcoolisme, ou qui peuvent contribuer, dans leur milieu, à la prévention de ce genre de problème.

Le ministre de la Santé et des Services sociaux,

Philippe Couillard

POURQUOI EST-IL NÉCESSAIRE D'INFORMER ?

Aujourd'hui, nous savons que toutes les *drogues* ou substances psychoactives agissent sur le cerveau en modifiant le psychisme des individus, qu'il s'agisse de drogues illicites, d'alcool, de tabac ou de médicaments psychoactifs.

Nous savons aussi que les pratiques de consommation de ces drogues se sont profondément transformées, notamment chez les jeunes : banalisation du cannabis, augmentation des états d'ivresse répétés, maintien de la consommation de tabac à un niveau élevé, hausse de la consommation d'héroïne, arrivée massive des drogues de synthèse, prise de conscience du phénomène du dopage, recours de plus en plus fréquent aux médicaments, et surtout, association régulière de plusieurs produits licites ou illicites consommés en même temps ou successivement.

La faiblesse des informations mises à la disposition du grand public laisse place à des messages souvent inexacts et contradictoires. Cette situation renforce les malentendus, les inquiétudes et les peurs, mais surtout le sentiment d'impuissance face aux personnes qui consomment des drogues. Elle encourage des attitudes excessives et inadaptées variant, trop souvent, entre l'indifférence et la dramatisation.

Il est vrai que, pendant longtemps, nous savions peu de chose ou étions mal renseignés.

Si, depuis quelques années, nous avons à notre disposition des données scientifiques beaucoup plus fiables et nombreuses, elles n'ont pas toujours été portées à la connaissance de tous ceux qui étaient concernés. Cela est d'autant plus gênant que les données évoluent très vite. Par exemple, l'arrivée régulière de nouvelles drogues implique une mise à jour permanente des informations. C'est dans cet esprit que le Comité permanent de lutte à la toxicomanie a entrepris l'adaptation et la publication de cet ouvrage. Cette mise à jour tient principalement compte des nouvelles réalités de la consommation et des substances présentes au Québec.

POURQUOI UN LIVRE SUR LES DROGUES ?

Ce livre vise plusieurs objectifs.

Tout d'abord, il cherche à mettre à la disposition de tous les informations aujourd'hui disponibles sur les drogues et les dépendances. Pour garantir l'objectivité et la fiabilité de ces informations, il s'appuie sur les rapports scientifiques les plus récents, ainsi que sur l'expertise de nombreux spécialistes.

Ce livre informe sur les produits et leurs effets, mais aussi sur les facteurs de risque et de protection. Il donne des éléments chiffrés, ainsi que des informations utiles sur la loi, les traitements, l'aide disponible... Il donne enfin un certain nombre d'adresses et de ressources utiles.

C'est un objectif ambitieux parce que nous savons à quel point il est difficile de transmettre des connaissances, techniquement ou scientifiquement complexes, en étant à la fois exact et compréhensible.

Notre souhait est aussi qu'il réponde le mieux possible à la demande d'information objective. Nous voulons également qu'il aide à ouvrir un dialogue utile et pertinent entre les jeunes et toutes les personnes qui les entourent, plus particulièrement les parents.

En effet, rien ne sert de conseiller aux parents de parler des drogues avec leurs enfants s'ils ne disposent pas d'arguments et d'éléments de connaissance nécessaires.

C'est à partir de cette connaissance qu'ils pourront être mieux à l'écoute de leurs enfants, prendre conscience de leur vulnérabilité et de la gravité éventuelle des risques qu'ils prennent. Ils seront ainsi mieux placés pour jouer leur rôle éducatif sans nécessairement avoir besoin de recourir à un spécialiste.

C'est un objectif modeste car une information, aussi bien faite soit-elle, ne suffit pas à elle seule à modifier des comportements, voire à adopter des comportements responsables.

Il n'y a pas de société sans drogue, il n'y en a jamais eu. Il n'y a pas non plus de solution miracle, ni au Québec, ni au Canada, ni ailleurs dans le monde.

En revanche, il existe des réponses efficaces, qui permettent d'éviter les consommations dangereuses et de réduire les risques qui y sont associés.

Sans pouvoir répondre à tout, ce livre peut néanmoins permettre à chacun d'avoir les repères essentiels pour voir ce qu'on ne regarde pas toujours, pour comprendre et pour agir.

Les distinctions de comportement

Les effets, les risques et les dangers des psychotropes⁺ ou substances psychoactives⁺ varient suivant les produits et l'usage qu'on en fait. Les raisons de consommer diffèrent selon chaque personne : elles sont liées à son histoire, à son état de santé, à son environnement familial et social.

La consommation de ces produits procure un plaisir ou un soulagement immédiat :

- on peut boire un verre d'alcool pour se détendre, pour le plaisir de goûter un bon vin, pour se sentir mieux ou surmonter un moment douloureux ;
- fumer du tabac pour faire comme les autres, pour le plaisir de partager un moment avec d'autres ou parce qu'on ne peut plus s'arrêter ;
- consommer de l'ecstasy dans le désir d'accéder à des sensations extrêmes ;
- consommer abusivement une substance pour atténuer une sensation de malaise, rechercher l'oubli d'une souffrance ou d'une réalité vécue comme insupportable...

Que le produit soit licite⁺ ou illicite⁺, la communauté scientifique distingue trois types de comportements de consommation : l'usage récréatif⁺, l'abus⁺ et la dépendance⁺. Les risques et les dangers qui y sont associés sont différents.

Chaque consommation ne présente pas les mêmes dangers : elle dépend du produit, de la quantité consommée, de la fréquence et du contexte de la consommation, ainsi que de la vulnérabilité du consommateur.

QU'EST-CE QU'UNE SUBSTANCE PSYCHOACTIVE ?

Alcool, tabac, cannabis, héroïne, cocaïne… sont toutes des substances psychoactives, c'est-à-dire qui agissent sur le cerveau :

- elles modifient l'activité mentale, les sensations, le comportement. Leur usage expose à des risques et à des dangers pour la santé et peut entraîner des conséquences sociales dans la vie quotidienne ; leur usage peut en outre engendrer une dépendance ;
- elles provoquent des effets somatiques (sur le corps) d'une grande diversité selon les propriétés de chacune, leurs effets et leur nocivité.

TOUTES CES SUBSTANCES DISPOSENT D'UN CADRE LÉGAL

Par exemple, **la cocaïne, l'ecstasy, le LSD et le PCP** sont des substances illicites♦. La *Loi réglementant certaines drogues et autres substances* en interdit et en réprime la production, la détention et la vente, conformément aux conventions internationales ; leur usage est également interdit et sanctionné.

Le cannabis est une substance illicite, mais sa consommation est autorisée dans un cadre médical très précis.

Les médicaments♦ psychoactifs (anxiolytiques♦, sédatifs♦, hypnotiques♦, antidépresseurs, antipsychotiques, stabilisateurs de l'humeur) sont des produits licites♦. Ils sont prescrits par un médecin pour traiter l'anxiété, l'excitation, l'insomnie, la dépression, les psychoses, les troubles de l'humeur. Leur production et leur usage sont strictement contrôlés. Cependant, leur détournement et l'automédication sont fréquents.

L'alcool et le tabac sont des produits licites. Ils sont consommés librement. Leur vente est autorisée et contrôlée et leur usage réglementé.

QU'EST-CE QUE L'USAGE RÉCRÉATIF ?

L'usage récréatif est une consommation de substances psychoactives qui n'entraîne ni complications pour la santé ni troubles du comportement pouvant avoir des conséquences néfastes sur soi-même ou sur les autres.

C'est souvent le cas chez les adolescents ou les jeunes adultes qui expérimentent par curiosité, pour s'amuser ou pour imiter les autres par effet d'entraînement. La plupart du temps, ils semblent s'en tenir là, sans risque d'une éventuelle *escalade*. Il s'agit aussi des consommations occasionnelles et modérées qui concernent, par exemple, les usagers d'alcool ou de cannabis.

Dans la grande majorité des cas, l'usage récréatif n'entraîne pas d'escalade.

QU'EST-CE QUE L'ABUS ?

L'abus, l'usage abusif ou l'usage à risque est une consommation susceptible de provoquer des dommages physiques, affectifs, psychologiques ou sociaux pour le consommateur et pour son environnement proche ou lointain.

Les risques liés à l'abus[*] tiennent à la dangerosité spécifique du produit, aux dommages pour la santé et aux conséquences sociales de la consommation.

Les risques pour la santé
(risques sanitaires) :
l'usage est abusif lorsqu'il entraîne une détérioration de l'état physique, la complication de certaines maladies, voire des décès prématurés.

Les risques pour la vie quotidienne
(risques sociaux) :
l'usage est abusif dans les situations où la consommation et ses effets peuvent occasionner un danger ou entraîner des dommages pour soi et pour les autres (exemple : conduite d'un véhicule moteur sous l'influence de l'alcool ou d'une drogue[*]).

SIGNES EXTÉRIEURS DE L'ABUS OU DE L'USAGE ABUSIF

On parle d'abus ou d'usage abusif
lorsque l'on peut constater :

- l'utilisation d'une substance dans des situations où cela peut devenir dangereux : perte de vigilance (conduite d'un véhicule moteur, manipulation d'une machine dangereuse) ;

- des infractions répétées, liées à l'usage d'une substance (délits commis sous l'effet d'un produit, accidents divers sous l'effet du produit...) ;

- l'aggravation de problèmes personnels ou sociaux causés ou amplifiés par les effets de la substance sur les comportements (dégradation des relations familiales, difficultés financières...) ;

- des difficultés ou l'incapacité à remplir ses obligations dans la vie professionnelle, à l'école, à la maison (absences répétées, mauvaises performances au travail, mauvais résultats, absentéisme scolaire, exclusion, abandon des responsabilités, etc.) ;

- l'incapacité à se passer du produit pendant plusieurs jours ;

- la mise en péril de la santé et de l'équilibre d'autrui (risques que fait encourir une femme enceinte à la santé de son bébé).

La dépendance, ça commence quand ?

Brutale ou progressive selon les produits, la dépendance• est installée quand on ne peut plus se passer de consommer une ou plusieurs substances, sans éprouver de souffrances physiques ou psychologiques.

La vie quotidienne tourne largement ou exclusivement autour de la recherche et de la prise du produit : on est alors dépendant.

Il existe deux types de dépendance : la dépendance physique• et la dépendance psychologique•. Elles peuvent être associées ou non.

La dépendance se caractérise d'abord par des symptômes• généraux :

- l'impossibilité de résister au besoin de consommer ;
- l'accroissement de la tension interne, de l'anxiété avant la consommation habituelle ;
- le soulagement ressenti lors de la consommation ;
- le sentiment de perte de contrôle de soi pendant la consommation.

LA DÉPENDANCE PSYCHOLOGIQUE

Également appelé *dépendance psychique**, cet état implique que l'arrêt ou la réduction abrupte de la consommation d'une drogue* produit des symptômes* psychologiques caractérisés par une préoccupation émotionnelle et mentale reliée aux effets de la drogue et par un besoin intense* *(craving)* et persistant d'en reprendre.

Cette privation de la drogue entraîne une sensation de malaise, d'angoisse, allant parfois jusqu'à la dépression. Une fois qu'elle a cessé de consommer, la personne peut mettre du temps à s'adapter à cette vie sans le produit. Cet arrêt bouleverse ses habitudes, laisse un vide et permet la réapparition d'un mal-être que la consommation visait souvent à supprimer. Cela explique la survenue possible de rechutes ; elles font partie du lent processus qui, éventuellement, peut permettre d'envisager la vie sans consommation problématique.

LA DÉPENDANCE PHYSIQUE

Certains produits entraînent une dépendance physique٭. Cet état implique que l'organisme s'est adapté à la présence continue de la drogue. Lorsque la concentration de la drogue diminue au-dessous d'un certain seuil, l'organisme réclame alors le produit. Cela se traduit par divers symptômes٭ physiques de l'état de manque٭, appelé également *syndrome de sevrage*.

La privation de certains produits tels que les opiacés٭, le tabac, l'alcool et certains médicaments psychoactifs٭ engendre des malaises physiques qui varient selon le produit : douleurs avec les opiacés, tremblements et convulsions avec l'alcool, les barbituriques et les médicaments de type benzodiazépines٭.

Ces symptômes peuvent être accompagnés de troubles du comportement (anxiété, angoisse, irritabilité, agitation, etc.).

Lorsqu'une personne cesse de consommer une drogue de manière brutale, ou parfois même de façon progressive, on parle de sevrage٭. Pour aider la personne dépendante à se libérer du besoin de consommer la substance sans qu'elle souffre trop des effets physiques du manque, il existe au Québec un réseau d'aide médicale et psychosociale. On y offre un traitement qui peut prendre la forme d'un sevrage avec assistance médicale, d'un programme de réadaptation spécifique ou d'un traitement de substitution٭. Le suivi et l'accompagnement psychosocial apportent une aide précieuse pour surmonter les difficultés du sevrage et faciliter la réadaptation. Généralement, ce soutien favorise et renforce les résultats attendus.

LA POLYCONSOMMATION : MULTIPLICATION DES PRODUITS ET DES DANGERS

Parfois, les problèmes se compliquent lorsque la même personne consomme plusieurs produits.

La consommation d'un produit entraîne souvent l'usage d'autres substances psychotropes :

- alcool et cigarette
- cannabis, tabac et alcool
- ecstasy et médicaments[•] psychoactifs, etc.

Dans ces cas, on parle de polyconsommation[•]. Les dangers sont souvent méconnus. Conjugués, les effets néfastes des produits peuvent être amplifiés, entraînant parfois des risques pouvant être graves pour la santé.

Plusieurs études démontrent une corrélation entre le degré de dépendance à l'alcool et la dépendance au tabac. Les alcooliques ont tendance à fumer davantage et à subir plus d'échecs lors des tentatives d'arrêter de fumer.

La polyconsommation peut conduire à une polytoxicomanie◆, c'est-à-dire à la dépendance à plusieurs drogues◆.

CONNAÎTRE L'ACTION DES DROGUES SUR LE CERVEAU

Cocaïne, ecstasy, tabac, alcool, héroïne, médicaments* psychoactifs... tous les produits qui peuvent déclencher une dépendance chez l'homme ont en commun une propriété : ils augmentent la quantité de dopamine* disponible dans une zone du cerveau appelée circuit de récompense*, dont le rôle est de participer à la modulation du plaisir.

Ce circuit est impliqué dans la récompense (sensation de bien-être et de plaisir) des comportements liés à la nutrition et à la reproduction de l'espèce. Il participe ainsi à la satisfaction de vivre. Les substances psychoactives stimulent anormalement ce circuit naturel et engendrent à terme la possibilité d'un déséquilibre plus ou moins permanent.

Dans ce livre, le mot drogue désigne toute substance qui modifie le fonctionnement mental (psychotrope) et dont l'usage peut conduire à l'abus ou à la dépendance.

La toxicité* potentielle des substances psychoactives, comme celle de tout médicament, est liée à la quantité consommée. Elle varie d'un produit à l'autre. Donc, plus on consomme un produit à des doses toxiques, plus on en subit les conséquences. À l'inverse, moins on consomme un produit, ou si on le consomme à des doses non toxiques, moins on en subit les conséquences néfastes.

Une substance psychoactive◆ dont la structure moléculaire ressemble à celle d'une substance produite naturellement par l'organisme (sérotonine, dopamine…) peut se fixer à la place de celle-ci sur des récepteurs◆ spécifiques du cerveau.

SYNAPSE

La structure (anatomie) et le fonctionnement (physiologie) du cerveau humain reposent sur les cellules nerveuses ou neurones. Le système nerveux est constitué d'au moins 100 milliards de neurones formant un agencement de connexions.

Pour passer d'un neurone à un autre, l'influx nerveux se transforme en messages chimiques qui prennent la forme d'une substance sécrétée par le neurone appelée *neuromédiateur*. La connexion entre deux neurones s'effectue au moyen de synapses.

La synapse◆ comporte trois éléments : une partie pré-synaptique qui émet le messager, la fente synaptique où circule le messager et une partie post-synaptique qui reçoit le message chimique.

Il existe différents médiateurs chimiques◆ ou neuromédiateurs◆ (la dopamine◆, l'adrénaline, la noradrénaline, la sérotonine, l'acétylcholine) qui se lient à des récepteurs◆ spécifiques. Le neuromédiateur traverse l'espace situé entre deux neurones, la fente synaptique. C'est sur ces processus qu'agissent les substances psychoactives.

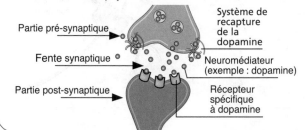

Partie pré-synaptique

Système de recapture de la dopamine

Fente synaptique

Neuromédiateur (exemple : dopamine)

Partie post-synaptique

Récepteur spécifique à dopamine

CONNEXION ENTRE DEUX NEURONES

À l'intérieur du cerveau, les informations circulent sous forme d'activité électrique, appelée *influx nerveux* ; elles cheminent des dendrites au corps cellulaire, où elles sont traitées, puis du corps cellulaire à l'axone.

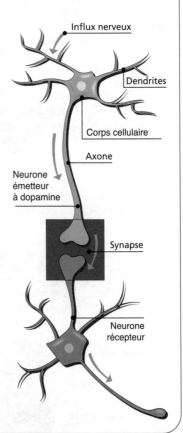

Influx nerveux

Dendrites

Corps cellulaire

Axone

Neurone émetteur à dopamine

Synapse

Neurone récepteur

Trois modes d'action sur le neuromédiateur selon les substances :

- certaines drogues imitent les neuromédiateurs◆ naturels et se substituent donc à eux sur les récepteurs◆ : la morphine, par exemple, s'installe dans les récepteurs à endomorphine et la nicotine, dans les récepteurs à acétylcholine ;

- certaines drogues augmentent la sécrétion d'un neuromédiateur◆ naturel : la cocaïne, par exemple, augmente la présence de dopamine, de noradrénaline et de sérotonine dans la synapse◆ et l'ecstasy, celle de la sérotonine et de la dopamine◆ ;

- certaines drogues bloquent un neuromédiateur naturel : par exemple, l'alcool bloque l'effet excitateur du glutamate via les récepteurs nommés NMDA (N-méthyl-D-aspartate). L'interférence de l'alcool sur ce type de récepteurs expliquerait en partie les effets de l'alcool sur les fonctions cognitives, incluant la mémoire et l'apprentissage.

CERVEAU HUMAIN, RÉGIONS CÉRÉBRALES ET CIRCUITS NEURONAUX (VOIES NERVEUSES)

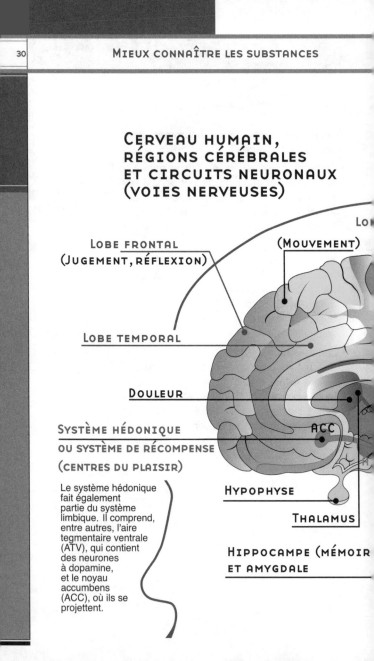

LO

(MOUVEMENT)

LOBE FRONTAL
(JUGEMENT, RÉFLEXION)

LOBE TEMPORAL

DOULEUR

SYSTÈME HÉDONIQUE
OU SYSTÈME DE RÉCOMPENSE
(CENTRES DU PLAISIR)

ACC

Le système hédonique
fait également
partie du système
limbique. Il comprend,
entre autres, l'aire
tegmentaire ventrale
(ATV), qui contient
des neurones
à dopamine,
et le noyau
accumbens
(ACC), où ils se
projettent.

HYPOPHYSE

THALAMUS

HIPPOCAMPE (MÉMOIR
ET AMYGDALE

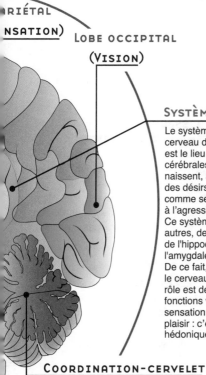

RIÉTAL
NSATION) LOBE OCCIPITAL
             (VISION)

SYSTÈME LIMBIQUE

Le système limbique, ou
cerveau des émotions,
est le lieu où nos réactions
cérébrales les plus primaires
naissent, ainsi que la plupart
des désirs et besoins vitaux,
comme se nourrir, réagir
à l'agression et se reproduire.
Ce système est composé,
entre autres, de l'hypothalamus,
de l'hippocampe et de
l'amygdale.
De ce fait, il existe dans
le cerveau des circuits dont le
rôle est de récompenser ces
fonctions vitales par une
sensation agréable ou de
plaisir : c'est le système
hédonique.

COORDINATION-CERVELET

MOELLE ÉPINIÈRE

UNE BONNE CLASSIFICATION AIDE À COMPRENDRE

Un psychotrope* ou substance psychoactive* est un produit qui agit sur le psychisme d'un individu en modifiant son fonctionnement mental. Il peut entraîner des changements dans les perceptions, l'humeur, la conscience, le comportement et les diverses fonctions psychologiques.

On peut classer les *psychotropes** en cinq grandes catégories :

LES DÉPRESSEURS DU SYSTÈME NERVEUX CENTRAL

Ces substances dépriment les fonctions psychiques d'un individu en diminuant le niveau d'éveil et l'activité générale du cerveau. Elles relaxent leur utilisateur. Celui-ci est alors moins conscient de son environnement. Les dépresseurs comprennent les substances suivantes :

- Alcools
- Anesthésiques généraux
- Anxiolytiques*, sédatifs* et hypnotiques* (appelés aussi tranquillisants mineurs)
    - benzodiazépines*
    - barbituriques...
- Gamma-hydroxybutyrate ou GHB

- Opiacés[*]
    - codéine
    - héroïne
    - méthadone
    - morphine
    - opium...

- Substances volatiles

LES STIMULANTS DU SYSTÈME NERVEUX CENTRAL

Ces substances stimulent les fonctions psychiques d'un individu. Elles augmentent le niveau d'éveil et l'activité générale du cerveau. Les stimulants accélèrent le processus mental. Le consommateur est alors plus alerte et plus énergique. Dans cette catégorie, on distingue :

- Stimulants majeurs
    - amphétamines
    - cocaïne

- Stimulants mineurs récréatifs
    - caféine : présente dans le café, le thé, le maté, le guarana, le cacao, le chocolat, le kola, les boissons au cola et diverses préparations pharmaceutiques.
    - nicotine : retrouvée dans le tabac et dans certaines préparations pour aider à cesser de fumer.

LES PERTUBATEURS DU SYSTÈME NERVEUX CENTRAL

Ces substances, appelées *hallucinogènes*, perturbent les fonctions psychiques d'un individu. Elles provoquent des altérations plus ou moins marquées du fonctionnement cérébral, de la perception, de l'humeur et des processus cognitifs. Les substances suivantes se retrouvent dans cette catégorie :

• Cannabis et dérivés
  – haschich
  – marijuana
  – tétrahydrocannabinol ou THC
  – nabilone...

• Hallucinogènes
  – kétamine
  – LSD
  – MDMA ou ecstasy
  – mescaline
  – phencyclidine ou PCP
  – psilocybine (dans les champignons magiques)...

Les médicaments psychothérapeutiques

Les médicaments psychothérapeutiques comprennent les antidépresseurs, les antipsychotiques et les stabilisateurs de l'humeur. Avec les anxiolytiques•, les sédatifs• et les hypnotiques•, ils représentent les principales substances psychoactives prescrites pour la thérapie des troubles mentaux. Ils sont principalement utilisés dans le traitement de la dépression, des psychoses et de la maladie affective bipolaire• (anciennement appelée psychose maniaco-dépressive).

Les androgènes et les stéroïdes anabolisants

Les androgènes et les stéroïdes anabolisants représentent une classe particulière de psychotropes• possédant une structure chimique commune de base appelée *noyau stérol.* Les androgènes ou hormones mâles sont principalement constitués par la testostérone et la dihydrotestostérone. Les stéroïdes anabolisants sont des analogues de synthèse de la testostérone•.

Bien que leurs applications thérapeutiques soient très limitées, les stéroïdes sont beaucoup employés dans le monde du sport. Les athlètes utilisent ces substances dopantes pour augmenter leur performance. Les substances suivantes se retrouvent dans cette catégorie :

- testostérone
- danazol
- fluoxymestérone
- nandrolone

Dans la réalité scientifique, les termes *médicament** et *drogue** ont la même signification. D'ailleurs, le terme *drug* est la traduction anglaise du mot « médicament ».

Cependant, dans le langage populaire francophone, les gens tendent à distinguer les médicaments des drogues. Ainsi, le terme *médicament* est généralement utilisé pour décrire une substance administrée dans un but thérapeutique (traitement) ou prophylactique (prévention), alors que le terme *drogue* s'applique aux substances consommées dans un contexte illicite**.

DES DROGUES
AUX SUBSTANCES PSYCHOACTIVES

L'usage de certaines substances n'est pas récent. En Asie, les feuilles du cannabis sont utilisées à des fins thérapeutiques depuis des millénaires. L'alcool apparaît dès l'Antiquité. La médecine grecque de l'Antiquité utilisait l'opium et en signalait déjà les dangers. Aux XVIe et XVIIe siècles, on se servait du tabac pour guérir les plaies. Au XIXe siècle, des chirurgiens employaient la cocaïne comme anesthésique local.

Utilisés pour soigner et guérir, ces produits (dont l'usage varie selon les cultures et les traditions) étaient aussi employés dans des cérémonies sacrées, des fêtes, afin de modifier l'état de conscience et de renforcer les relations entre les personnes.

Autrefois, le mot *drogue* désignait un médicament, une préparation des apothicaires (pharmaciens d'autrefois) destinée à soulager un malade. Puis il a été utilisé pour désigner les substances illicites.

Aujourd'hui, pour nommer l'ensemble de tous ces produits qui agissent sur le cerveau, que l'usage en soit interdit ou réglementé, on emploie le terme *psychotropes*˙ ou *substances psychoactives*˙.

ALCOOL PLAISIR OU ALCOOL VIOLENCE,
ALCOOL OUBLI OU ALCOOL FÊTE,
ALCOOL ACCIDENT OU ALCOOL DÉTENTE ?
PEU IMPORTE LA RAISON, L'ALCOOL
DOIT SE BOIRE AVEC MODÉRATION.

L'ALCOOL, QU'EST-CE QUE C'EST ?

L'alcool est obtenu par fermentation de végétaux riches en sucre ou par distillation. On le retrouve dans diverses boissons alcoolisées : bière, vin, cidre, apéritifs, digestifs, spiritueux.

EFFETS ET DANGERS DE L'ALCOOL

L'alcool est absorbé par le tube digestif. En quelques minutes, le sang le transporte dans toutes les parties de l'organisme.

L'alcool est un *dépresseur* du système nerveux central. Il détend et désinhibe. À court terme et lorsqu'il est consommé à des doses importantes, il provoque un état d'ivresse et peut entraîner des troubles digestifs, des nausées, des vomissements...

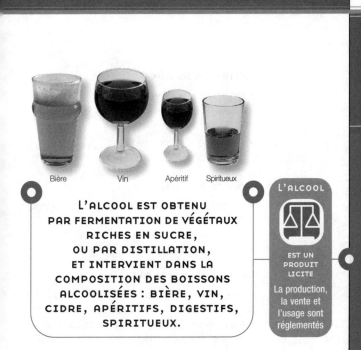

Bière   Vin   Apéritif   Spiritueux

L'ALCOOL EST OBTENU PAR FERMENTATION DE VÉGÉTAUX RICHES EN SUCRE, OU PAR DISTILLATION, ET INTERVIENT DANS LA COMPOSITION DES BOISSONS ALCOOLISÉES : BIÈRE, VIN, CIDRE, APÉRITIFS, DIGESTIFS, SPIRITUEUX.

L'ALCOOL

EST UN PRODUIT LICITE

La production, la vente et l'usage sont réglementés

Les effets de l'alcool sur l'organisme sont proportionnels à l'alcoolémie, c'est-à-dire au taux d'alcool dans le sang.

Sur le cerveau, l'alcool se lie à de nombreux récepteurs* biologiques comme les récepteurs à glutamate, GABA, sérotonine, nicotine. Il perturbe également les fonctions des neurones en altérant la structure de leurs membranes. Enfin, l'alcool augmente la libération de dopamine* dans le système hédonique.

Les risques sociaux

- diminution de la vigilance, souvent responsable d'accidents de la circulation, d'accidents du travail ;
- pertes de contrôle de soi qui peuvent conduire à des comportements de violence, à des passages à l'acte : agressions sexuelles, suicide, homicide ;
- exposition à des agressions en raison d'une attitude parfois provocatrice ou du fait que la personne en état d'ébriété n'est plus capable de se défendre.

Les risques pour la santé

À plus long terme, l'alcool affecte les principaux organes et l'usager risque de développer de nombreuses pathologies : maladies du système nerveux, troubles psychiques (anxiété, dépression, troubles du comportement), troubles gastro-intestinaux, maladies du foie (cirrhose) et du pancréas (pancréatite), troubles cardiovasculaires (cardiomyopathies), troubles sanguins (hémorragies, anémies), troubles métaboliques (perturbations du taux de sucre dans le sang ; augmentation de l'acide urique dans le sang, entraînant la goutte) ; troubles hormonaux (diminution de la libido, impuissance, infertilité, irrégularités menstruelles) ; diminution de la résistance aux infections et augmentation des risques de développer des cancers (notamment les cancers de la bouche, de la langue, de l'œsophage, de l'estomac et du foie).

CONSEILS POUR UN USAGE SANS DOMMAGE

Lorsqu'on boit de l'alcool, plus on dépasse les limites indiquées ci-après (augmentation des quantités et fréquences de consommation), plus le risque est important.

CONSOMMATIONS OCCASIONNELLES

Exceptionnellement, pas plus de 4 verres standard en une seule occasion.

Au-delà de la deuxième consommation chez la femme et de la troisième chez l'homme, le taux d'alcoolémie autorisé pour conduire un véhicule moteur au Québec et au Canada (80 mg/100 ml) peut être dépassé. Associée à des médicaments♦ ou à des drogues♦, une seule dose, même faible, peut avoir des conséquences néfastes immédiates.

CONSOMMATIONS RÉGULIÈRES

• pour les femmes :
  pas plus de 2 consommations standard par jour ;

• pour les hommes :
  pas plus de 3 consommations standard par jour ;

Au moins un jour par semaine sans aucune boisson alcoolisée pour les deux sexes.

1 CONSOM-
MATION
STANDARD
=
13,5 G
D'ALCOOL
PAR
CONSOM-
MATION

SERVIS DANS UN BAR OU UN RESTAURANT,

un verre de vin rouge, blanc ou rosé, un bock de bière en fût, une flûte de champagne, un verre de porto, un petit verre de whisky, contiennent tous environ la même quantité d'alcool.

À DOMICILE, LES DOSES SONT TOUTEFOIS PLUS VARIABLES :

les verres ne sont pas tous de la même taille et peuvent être plus ou moins remplis.

IL EST DONC IMPORTANT DE CONNAÎTRE CE QUE REPRÉSENTE UNE CONSOMMATION STANDARD.

1 CONSOMMATION STANDARD
=
13,5 G D'ALCOOL PAR CONSOMMATION

IL EST IMPORTANT DE SE RAPPELER QUE LES CONSOMMATIONS SUIVANTES CONTIENNENT TOUTES LA MÊME QUANTITÉ D'ALCOOL, SOIT 13,5 GRAMMES D'ALCOOL PAR CONSOMMATION STANDARD :

Bière 5 %	Champagne 12 %	Vin de table 12 %	Vin apéritif 20 %	Spiritueux 40 %
341 ml (12 oz)	142 ml (5 oz)	142 ml (5 oz)	85 ml (3 oz)	43 ml (1,5 oz)

INÉGAUX FACE À L'ALCOOL

- À poids égal et à consommations égales, l'alcoolémie de la femme est plus élevée que celle de l'homme. Dans ces conditions, la femme est plus vulnérable aux effets de l'alcool pour le même nombre de consommations.

- Le seuil sécuritaire de consommation dépend donc de la personne et du contexte. Quand la consommation s'effectue avec, avant ou après d'autres substances (médicaments, drogues), cette notion de seuil n'a plus cours.

- Boire une grande quantité d'alcool en peu de temps provoque une montée importante du taux d'alcoolémie. **Seul le temps permet de le faire baisser.**

- **On considère que l'organisme élimine environ 15 mg/100 ml d'alcool par heure. Ainsi, l'élimination complète de 80 mg/100 ml d'alcool, qui correspond à .08 g % (la limite légale pour conduire un véhicule moteur au Québec et au Canada) nécessite en moyenne 5 heures et 20 minutes.**

CONSEILS

- Retarder le moment de conduire un véhicule ou manipuler une machine dangereuse.

- Suivant l'état de fatigue et l'état psychologique (énervement, agitation...), se reposer, dormir, manger, se faire conduire.

- Si on boit sans manger, l'alcool passe beaucoup plus rapidement dans le sang et ses effets sont plus importants. Il est donc préférable de manger lorsqu'on consomme des boissons alcoolisées.

Une seule dose, même faible, peut avoir des conséquences néfastes immédiates.

ÉVALUER SON ALCOOLÉMIE APPROXIMATIVE

Ces tableaux sont fournis à titre indicatif seulement. On doit les interpréter avec prudence, car chacun réagit différemment selon sa corpulence, son état de santé et les circonstances de la consommation. Si on boit sans manger, l'alcool passe beaucoup plus rapidement dans le sang et ses effets sont plus importants. Il est donc préférable de manger lorsqu'on consomme des boissons alcoolisées.

Femmes Poids / Consommation(s)	Taux d'alcoolémie selon le nombre de consommations standard (g %)*				
	1	2	3	4	5
100 lbs ou 45 kg	.05	.10	.15	.20	.25
125 lbs ou 57 kg	.04	.08	.12	.16	.20
150 lbs ou 68 kg	.03	.07	.10	.13	.17
175 lbs ou 80 kg	.03	.06	.09	.12	.15
200 lbs ou 91 kg	.03	.05	.08	.10	.13
225 lbs ou 102 kg	.02	.04	.07	.09	.11

* Se référer à la page 42 pour les équivalences d'une consommation standard

Hommes	Taux d'alcoolémie selon le nombre de consommations standard (g %)*				
Poids / **Consommation(s)**	1	2	3	4	5
125 lbs ou 57 kg	.03	.07	.10	.14	.17
150 lbs ou 68 kg	.03	.06	.09	.12	.14
175 lbs ou 80 kg	.02	.05	.07	.10	.12
200 lbs ou 91 kg	.02	.04	.06	.09	.11
225 lbs ou 102 kg	.02	.04	.06	.08	.10
250 lbs ou 113 kg	.02	.03	.05	.07	.09

*Établis selon les tables de Widmark

UN EXEMPLE

Une femme de 68 kg (150 livres) soupe chez des amis. À 19 h, elle prend une bière de 341 ml à 5 % d'alcool, puis trois verres de vin de 5 onces chacun à 12 % d'alcool et finalement un cognac de 1,5 once à 40 % d'alcool, pour terminer sa dernière consommation à 22 h. À minuit, elle décide de prendre son véhicule automobile. Est-elle en mesure de conduire à ce moment là ? Non ! Cette femme est à .095 g % !

Intoxication aiguë à l'alcool

Cette section supplémentaire a été ajoutée suite au décès d'un jeune causé par une intoxication aiguë à l'alcool. Elle vise à fournir une information de base pour tous, afin de porter secours à une personne qui se retrouverait en état d'intoxication aiguë à l'alcool.

Comment reconnaître une intoxication ?

Une consommation standard équivaut à : 341 ml (12 oz) de bière à 5 % d'alcool ou 142 ml (5 oz) de vin à 12 % d'alcool ou 85 ml (3 oz) de vin apéritif à 20 % d'alcool ou 43 ml (1,5 oz) de spiritueux à 40 % d'alcool

Le surdosage à l'alcool est une manifestation relativement courante, particulièrement lorsqu'une personne ingère de grandes quantités d'alcool dans un court laps de temps.

Une intoxication aiguë à l'alcool peut causer la mort en moins d'une heure, d'où l'importance de suivre de près l'évolution des signes chez une personne qui semble avoir absorbé une grande quantité d'alcool en peu de temps.

Bien que les signes d'intoxication à l'alcool soient proportionnels à l'alcoolémie, tous les individus ne réagissent pas de la même manière à un niveau déterminé d'alcool. Plusieurs facteurs peuvent être déterminants, entre autres le poids, le sexe, la tolérance, la nourriture ingérée, qui peut ralentir l'absorption de l'alcool dans le sang, et le contexte de consommation. Il faut donc être vigilant aux effets suivants pour identifier une intoxication sérieuse et réagir à temps :

Exemples de consommation et alcoolémie	Effets	Quoi faire selon le niveau d'intoxication d'une personne
Femme 125 lbs ou 57 kg 5-6 consommations[1] **Homme 175 lbs ou 80 kg** 8-12 consommations[1] 200 à 300 mg/100 ml (0,20-0,30 g %)[2]	• Élocution bredouillante • Langage incohérent • Confusion mentale • Désorientation • Dépression sensorielle marquée • Altération de la perception, des mouvements et des dimensions • Analgésie (diminution de la sensation de douleur) • Somnolence alternant avec sautes d'humeur • Nausées, vomissements • Incoordination marquée des mouvements	• Éviter de la laisser seule ; • Communiquer avec elle pour connaître la dose d'alcool ingérée dans les dernières heures ; • Si cette dose est importante ou si les effets s'aggravent rapidement, ne pas prendre de chance et contacter dès que possible les urgences médicales afin de la secourir.
Femme 125 lbs ou 57 kg 7-9 consommations[1] **Homme 175 lbs ou 80 kg** 13-16 consommations[1] 300 à 400 mg/100 ml (0,30-0,40 g %)[2]	• Sommeil profond et stupeur • Diminution importante de la réponse aux stimuli • Incoordination très marquée des mouvements • Transpiration excessive (peau moite) • Hypothermie (peau froide) • Incontinence urinaire • Possibilité d'aspiration des vomissements et risque de décès	• Éviter de la laisser seule ; • S'assurer que les lieux sont sécurisés ; • Communiquer régulièrement avec elle pour évaluer son état de conscience ; • Si elle est consciente, demander la dose d'alcool ingérée dans les dernières heures ; • Si cette dose est importante ou si les effets s'aggravent de minute en minute, appeler les urgences médicales afin de secourir la personne le plus rapidement possible ; • Dans l'attente d'une intervention médicale, placer la tête légèrement vers l'arrière afin de dégager les voies respiratoires ; • Placer dans une position latérale de sécurité.
Femme 125 lbs ou 57 kg 10 consommations et plus[1] **Homme 175 lbs ou 80 kg** 17 consommations et plus[1] Plus de 400 mg/100 ml (0,40 g %)[2]	• Anesthésie • Inconscience • Coma • Absence de réflexes • Baisse importante de la pression artérielle • Perte de contrôle des sphincters • Dépression respiratoire marquée • Mort par arrêt respiratoire	

[1] Le nombre de consommations est à titre indicatif seulement. Plusieurs facteurs ont une influence sur les effets de l'alcool dans l'organisme (sensibilité individuelle, tolérance, condition physique, interaction avec d'autres substances, etc.).

[2] Se référer aux tableaux précédents de ce chapitre pour évaluer le taux d'alcoolémie de chacun en fonction des quantités d'alcool consommées et du poids de l'individu.

En cas de doute sur le niveau d'intoxication

Il est souvent difficile de savoir la quantité précise d'alcool qu'une personne a consommée au cours des dernières heures, puisque nous n'étions pas nécessairement avec elle depuis le début. Il importe alors de vérifier l'évolution des effets qui peut être rapide, au fur et à mesure que l'alcool est absorbé dans le sang. Si les effets démontrent une intoxication de plus en plus importante, il faut contacter les urgences médicales.

Si l'on est certain que l'absorption de l'alcool dans le sang est complète chez la personne (30 à 90 minutes après la dernière consommation d'une personne à jeun) et que les effets de l'intoxication sont dans une phase de déclin plutôt que de progression, elle peut être hors de danger. Il faut toutefois la surveiller de près pour s'en assurer.

Alcool et dépendance

Certaines personnes risquent de passer d'une consommation récréative contrôlée (usage récréatif), à une consommation excessive non contrôlée (abus◆) ou à la dépendance.

Les troubles liés à la consommation excessive d'alcool surviennent à des moments très variables selon les individus. Certains vont vivre des ivresses répétées avec de longues interruptions sans devenir pour autant dépendants. Cet usage reste toutefois problématique.

Un consommateur excessif peut évoluer en trois étapes vers la dépendance alcoolique.

Phase 1
Aucun dommage majeur.

Les activités professionnelles, sociales et familiales sont globalement conservées. La santé mentale et physique n'est pas altérée de manière significative.

Phase 2
Des difficultés d'ordre physique, psychologique, relationnel, social, professionnel et judiciaire apparaissent.

Des atteintes à la santé physique et mentale amènent parfois la personne à réduire ou à arrêter momentanément sa consommation (abstinence).

Phase 3
La personne est incapable de réduire ou d'arrêter sa consommation, malgré la persistance des dommages.

De nombreux symptômes* peuvent apparaître : tremblements, crampes, anorexie, troubles du comportement. Le consommateur est alors dépendant de l'alcool.

Ne pas consommer
- pendant l'enfance et la préadolescence ;
- pendant une grossesse ;
- lorsqu'on conduit ou prévoit de conduire un véhicule ou lorsqu'on manipule des outils ou des machines dangereuses ;
- quand on exerce des responsabilités qui nécessitent de la vigilance ;
- quand on prend certains médicaments*.

La consommation d'alcool remonte à l'antiquité.

La consommation d'alcool remonte au moins à l'ère paléolithique, celle où les premières civilisations humaines utilisant des outils et des pierres taillées ont fait leur apparition. Déjà à l'époque, l'Homo Sapiens obtient des boissons fermentées d'une teneur alcoolique relativement faible, à partir de grains (bière), de jus de fruits (vin) ou de miel (hydromel).

C'est vers l'an 800 que les Arabes découvrent la technique de distillation, laquelle permet d'obtenir les spiritueux, des alcools à très hautes concentrations. Quand celle-ci est introduite en Europe vers l'an 1000, les alchimistes croient que l'alcool est l'élixir de la vie longtemps recherché. L'alcool est alors considéré comme le remède pour pratiquement toutes les maladies tel que le suggère le terme *whisky* qui signifie *eau-de-vie* pour les Irlandais.

Les problèmes sérieux reliés à la consommation d'alcool s'accentuent à partir du XVIIIe siècle avec la production et la distribution en masse des spiritueux, plus particulièrement le gin. L'épidémie de gin qui frappe l'Angleterre à partir de 1720 a des conséquences sociales dramatiques qui conduisent à la naissance des mouvements de tempérance. Leur impact politique conduit les États-Unis à la prohibition en 1919. Le commerce parallèle et la criminalité engendrés par la prohibition amènent sa levée en 1933.

Au cours du XXe siècle, les percées scientifiques ont permis de mieux définir les variables biopsychosociales reliées à l'usage inapproprié de l'alcool. De nos jours, le concept d'alcoolisme et de ses traitements étant mieux circonscrits, plusieurs approches efficaces existent pour lutter contre cette dépendance.

AUJOURD'HUI, LA CONSOMMATION EXCESSIVE D'ALCOOL ET L'ALCOOLISME FRAPPENT DE NOMBREUX PAYS EN DÉVELOPPEMENT.

LES CHIFFRES DE NOTRE RÉALITÉ

- En 2000-2001, les Québécois ont acheté en moyenne 112,5 litres d'alcool : 93,3 litres de bière ; 16,3 litres de vin et 2,9 litres de spiritueux. Au Canada, nous retrouvons une consommation moyenne de 103,7 litres d'alcool/habitant : 85 litres de bière, 12,2 litres de vin et 6,5 litres de spiritueux.

- En 1998, 87 % des Québécois âgés de 15 ans et plus (92 % des hommes et 82 % des femmes) ont consommé de l'alcool au cours de leur vie et 81 % (86 % des hommes et 77 % des femmes) au cours de la dernière année. En 1999, selon Statistique Canada, 65 % des Canadiens et 45 % des Canadiennes sont des buveurs réguliers (consomment au moins un verre d'alcool par mois).

- En 1998, la consommation moyenne des Québécois âgés de 15 ans et plus était de 5 consommations par semaine (6,6 pour les hommes et 3,1 pour les femmes). Dix pour cent des Québécois âgés de 15 ans et plus avaient consommé 14 consommations ou plus par semaine (15 % d'hommes et 5 % de femmes) et 10 % des Québécois rapportent s'être enivrés au moins cinq fois au cours de la dernière année.

- En 1999, 24,6 % (186/755) des accidents de la route au Québec impliquant le décès d'une personne étaient liés à l'alcool. Dans 69 % des cas, la victime était le conducteur (19 % un passager et 12 % un piéton).

- Une enquête menée en 2000 auprès de 4 730 élèves du secondaire québécois révèle que 71 % d'entre eux ont consommé de l'alcool durant les douze derniers mois. Selon cette étude, la proportion de consommateurs d'alcool augmente de 46 à 91 % entre la 1re et la 5e année du secondaire. D'après cette enquête, la proportion de buveurs réguliers parmi les élèves du secondaire québécois (fréquence hebdomadaire) augmente constamment, passant d'un peu moins de 6 % en 1re secondaire à 40 % en 5e secondaire.

- Au Québec, entre 1992-93 et 1998, environ un jeune sur quatre âgé de 15 à 24 ans rapportait une consommation élevée ou abusive d'alcool. L'augmentation du nombre de consommateurs d'alcool semble reposer sur les plus jeunes, soit les 15-19 ans.

- En 1996-1997, 77 % des Canadiens âgés de 15 ans et plus ont pris de l'alcool au cours de la dernière année. Cette consommation moyenne était de 3,5 consommations par semaine (5 pour les hommes et 2 pour les femmes). Dix-huit pour cent des Canadiens âgés de 15 ans et plus avaient consommé hebdomadairement plus que le seuil recommandé (14 consommations/semaine et moins pour les hommes ; 9 consommations/semaine et moins pour les femmes).

QUE PRÉVOIT LA LOI ?

L'alcool est un produit licite[♦] dont la production, la vente et l'usage sont principalement régis par la *Loi sur les aliments et drogues*. L'importation, l'exportation, l'imposition des taxes et la publicité électronique des produits de l'alcool sont de compétence fédérale. La commercialisation, la promotion publicitaire et la vente des produits destinés à être consommés à l'extérieur des points de vente sont de juridiction provinciale.

L'établissement des prix, l'âge légal de consommation et l'interdiction de vente aux personnes intoxiquées caractérisent de telles mesures législatives, de même que l'interdiction de consommer ou de s'intoxiquer sur la voie publique. Par contre, l'âge légal pour consommer de l'alcool est soumis à certaines exceptions comme la consommation d'alcool dans le cadre d'un rituel religieux ou la supervision parentale à l'intérieur d'une résidence. L'interdiction pour les commerçants du Québec de vendre de l'alcool après 23 heures est un autre exemple de cette législation.

CONDUITE AVEC FACULTÉS AFFAIBLIES

Le Code criminel stipule que quiconque conduit un véhicule moteur alors que ses facultés sont affaiblies par l'alcool ou la drogue commet une infraction (article 253). La loi fédérale régissant la conduite avec facultés affaiblies reconnaît quatre infractions distinctes :

• conduire, opérer ou avoir la garde ou le contrôle d'un véhicule motorisé avec une alcoolémie supérieure à 80 milligrammes d'alcool par 100 millilitres de sang (80 mg/100 ml) ;

- conduire, opérer ou avoir la garde ou le contrôle d'un véhicule motorisé sous l'influence de l'alcool ou d'une drogue ;
- conduire avec les facultés affaiblies et causer la mort ou des blessures corporelles ;
- refuser de fournir un échantillon d'haleine ou de sang sans motif valable.

Ces infractions ont une grande portée puisqu'elles n'ont aucune restriction géographique (jardins privés, stationnements, etc.), s'appliquent à tout véhicule motorisé (même une tondeuse) et touchent toute personne ayant la garde ou le contrôle du véhicule moteur.

Au Québec, l'alcool demeure la première cause des accidents de la route. Afin d'améliorer le bilan routier, des changements au Code de la sécurité routière ont été apportés en décembre 1997 pour les conducteurs interceptés avec les capacités affaiblies. Quiconque conduit un véhicule avec un taux d'alcoolémie dépassant 80 mg/100 ml commet une infraction au Code criminel. De plus, il est interdit à tout titulaire d'un permis d'apprenti conducteur ou d'un permis probatoire de conduire après avoir consommé de l'alcool.

Les sanctions prévoient :

- la suspension sur-le-champ du permis ;
- un permis restreint obligeant l'utilisation d'un dispositif détecteur d'alcool ;
- l'obligation de suivre un programme d'éducation ou de se soumettre à une évaluation du comportement ;
- des amendes.

AMPHÉTAMINES POUR COUPER
LA FAIM ET SUPPRIMER LA FATIGUE ?
UNE MISE AU POINT S'IMPOSE
SUR CES STIMULANTS PUISSANTS.

LES AMPHÉTAMINES, QU'EST-CE QUE C'EST ET À QUOI ÇA RESSEMBLE ?

Les amphétamines (*speed*, *ice* ou *cristal*) sont des **stimulants majeurs** qui se présentent sous forme de comprimés ou de poudre. Très souvent mélangées avec d'autres produits, elles peuvent être administrées par voie orale, prisées ou même fumées.

Les doses d'amphétamines consommées par jour peuvent donc être très variables et sont fonction, entre autres, de la nature de la substance, de la voie d'administration utilisée et des habitudes de consommation de l'usager.

En général, le terme *amphétamines* désigne un groupe de molécules dont les effets pharmacologiques sont apparentés. Il inclut, entre autres substances, l'amphétamine, la méthamphétamine (deux fois plus puissante que l'amphétamine) et la MDMA (hallucinogène stimulant communément appelé *ecstasy*).

LES AMPHÉTAMINES SONT DES STIMULANTS MAJEURS QUI SE PRÉSENTENT SOUS FORME DE COMPRIMÉS OU DE POUDRE.

AMPHÉTAMINES

PRODUIT ILLICITE

EFFETS ET DANGERS DES AMPHÉTAMINES

Stimulants physiques, les amphétamines suppriment la fatigue et donnent l'illusion d'être invincible. Les effets durent plusieurs heures et s'apparentent à ceux de la cocaïne.

Leur consommation peut entraîner une altération de l'état général par la dénutrition et par l'éveil prolongé conduisant à un état d'épuisement, une grande nervosité et parfois, des troubles psychologiques (psychose, trouble paranoïde•). On peut assister à l'apparition de problèmes cutanés importants (boutons, acné majeure). La descente peut être difficile, provoquer une crispation des mâchoires, des crises de tétanie•, des crises d'angoisse, un état dépressif et comporter même parfois des risques suicidaires. Ces produits s'avèrent très dangereux en cas de dépression, de problèmes cardiovasculaires et d'épilepsie.

Sur le cerveau, les amphétamines provoquent des augmentations immédiates et importantes de dopamine* et de sérotonine dans les synapses*, suivies d'un épuisement des stocks de ces neuromédiateurs*.

L'association avec de l'alcool ou d'autres substances psychoactives comme l'ecstasy (MDMA) accroît les risques découlant de la consommation d'amphétamines.

LES CHIFFRES DE NOTRE RÉALITÉ

- Une enquête effectuée en 2000 auprès de 4 730 élèves du secondaire québécois révèle que 7 % d'entre eux ont consommé au moins une fois des amphétamines durant les douze derniers mois.

- En 1998, 1,3 % des Québécois âgés de 15 ans et plus ont consommé des amphétamines (incluant l'ecstasy) au cours de l'année précédente.

- Selon une étude conduite en 2002 auprès de 210 répondants dans des *party rave** à Montréal, 73 % des personnes interrogées affirment avoir déjà consommé des amphétamines au cours de leur vie et 64,9 % au cours des trente derniers jours précédant l'enquête.

- Une autre étude effectuée à Montréal chez les jeunes de la rue dévoile que 31 % d'entre eux ont consommé des amphétamines au cours de leur vie et que 8 % en ont fait l'usage dans les trente jours précédant l'enquête.

QUE PRÉVOIT LA LOI ?

Les amphétamines sont inscrites à l'annexe III de la *Loi réglementant certaines drogues et autres substances*.

La possession, le trafic, la possession en vue d'en faire le trafic, la production, l'importation et l'exportation sont illégaux.

DE PLUS EN PLUS RÉPANDU,
L'USAGE DU CANNABIS CONCERNE
AUSSI BIEN LES JEUNES
QUE LES MOINS JEUNES.
QUELS EN SONT LES DANGERS RÉELS ?

LE CANNABIS,
QU'EST-CE QUE C'EST ?

Le cannabis est le produit illicite* le plus consommé dans notre société. Bien que ses propriétés pharmacologiques soient bien documentées, son statut légal fait l'objet de nombreuses discussions.

Le principal ingrédient actif du cannabis responsable des effets psychotropes est le THC (tétrahydrocannabinol). Sa concentration est très variable selon les préparations et la provenance du produit.

À QUOI ÇA RESSEMBLE ?

La marijuana *(pot, mari, marijane, herbe, weed)*
Feuilles, tiges et sommités fleuries, simplement séchées. La marijuana se fume telle quelle ou mélangée à du tabac, roulée en cigarette souvent de forme conique (le *joint*, le *pétard*, le *bat*, le *billot*, etc.).

marijuana

haschich

huile

LE
CANNABIS

**LE CANNABIS EST UNE PLANTE.
IL SE PRÉSENTE SOUS TROIS
FORMES : LA MARIJUANA, LE
HASCHICH ET L'HUILE.**

UN PRODUIT
ILLICITE

Le haschich *(hasch)*

Résine de la plante, obtenue généralement en frottant les feuilles avec les mains et en y ajoutant la poudre provenant des plants séchés et secoués. Le haschich se présente sous la forme de plaques compressées, de morceaux de couleur brune, noire, jaunâtre ou verdâtre selon les régions de production. Il se fume généralement mélangé à du tabac sous forme de cigarette *(le joint)* ou à l'aide d'une pipe. Le haschich est fréquemment coupé avec d'autres substances plus ou moins toxiques comme le henné•, la cire à chaussure, la paraffine, etc.

Les huiles de marijuana ou de haschich

Extraits huileux provenant de la marijuana ou du haschich, ces préparations généralement plus concentrées en principe actif sont habituellement déposées sur le papier à cigarette ou directement imprégnées dans du tabac, puis fumées.

Du fait des méthodes de culture, les concentrations en THC sont plus élevées dans les produits d'aujourd'hui, augmentant ainsi l'activité du produit. On trouve parfois des pourcentages de THC plus élevés dans la marijuana que dans le haschich ou les huiles.

EFFETS ET DANGERS DU CANNABIS

Le cannabis est un *perturbateur* du système nerveux central. Ses effets sont variables : euphorie (sensation de bien-être et de satisfaction), accompagnée d'un sentiment d'apaisement, d'une légère somnolence et d'une envie spontanée de rire.

Des doses fortes entraînent rapidement des difficultés à accomplir diverses tâches, perturbent la perception du temps, la perception visuelle et la mémoire immédiate. Elles provoquent également une léthargie*.

Ces effets peuvent être dangereux si l'on conduit un véhicule moteur ou si l'on manipule certaines machines dangereuses.

Les principaux effets physiques du cannabis peuvent provoquer, selon la personne, la quantité consommée et la composition du produit :

- un gonflement des vaisseaux sanguins (yeux rouges) ;
- une diminution de la salivation (bouche sèche) ;
- une augmentation du rythme cardiaque (tachycardie) ;
- une diminution de la pression artérielle en position debout (hypotension posturale) ;
- une baisse du taux de sucre sanguin (hypoglycémie).

Sur le système nerveux central, le cannabis entraîne une faible libération de dopamine• par un mécanisme encore étudié et discuté.

Même si les effets nocifs du cannabis sur la santé sont, à certains égards, moins importants que ceux d'autres substances psychoactives, l'appareil respiratoire est exposé aux risques associés au fait de fumer du tabac (nicotine et goudrons toxiques), car le joint est souvent composé d'un mélange de tabac et de cannabis. À poids égal, le cannabis fumé fournit 50 % plus de goudron qu'une marque populaire de tabac fort. En outre, la concentration de certains agents cancérigènes retrouvés dans le goudron de la marijuana est plus élevée que celle d'un même poids de goudron de tabac. Enfin, une cigarette de cannabis est habituellement inhalée plus profondément et retenue plus longtemps dans les poumons qu'une cigarette ordinaire.

Ainsi, une cigarette de cannabis peut théoriquement causer autant de problèmes pulmonaires que 4 à 10 cigarettes ordinaires.

Certains effets, souvent mal perçus par la population et les consommateurs, ont des conséquences importantes et révèlent l'existence d'un abus♦ :

- Le *syndrome d'amotivation* caractérisé par des difficultés de concentration, une perte d'intérêt et d'ambition, une diminution de la performance à l'école et au travail. Ce syndrome d'amotivation demeure controversé : la relation entre la consommation de cannabis et la baisse de la motivation, de la performance et de la réussite scolaire ou professionnelle n'est pas clairement établie dans la littérature scientifique. De grandes études prospectives, absentes à ce jour, sont nécessaires pour déterminer si ces troubles de comportements sont postérieurs ou antérieurs à la consommation de cannabis ;

- La dépendance psychologique♦ parfois constatée lors d'une consommation régulière et fréquente : un abus de cannabis peut favoriser le survenue de troubles psychologiques ;

- Les risques sociaux pour l'usager et son entourage liés aux contacts avec des réseaux illicites♦ afin de se procurer le produit ;

- Chez certaines personnes plus fragiles, le cannabis peut déclencher des hallucinations ou des modifications de perception et de prise de conscience d'elles-mêmes : dédoublement de la personnalité, sentiment de persécution. Ces effets peuvent se traduire par une forte anxiété.

Une dépendance psychologique est parfois constatée lors d'une consommation régulière et fréquente : les préoccupations sont centrées sur l'obtention du produit et le désir de consommer.

Cannabis et dépendance

L'usage répété et l'abus♦ de cannabis entraînent une dépendance psychologique♦ modérée.

En revanche, les experts s'accordent à dire que la dépendance physique♦ est faible.

Toutefois, un usage régulier, souvent révélateur de problèmes, est préoccupant, surtout lorsqu'il s'agit de très jeunes usagers.

ORIGINAIRE DES CONTREFORTS DE L'HIMALAYA, LE CANNABIS (OU CHANVRE INDIEN) A ÉTÉ UTILISÉ PAR L'HOMME DEPUIS DES MILLÉNAIRES EN EXTRÊME-ORIENT ET AU MOYEN-ORIENT.

Cultivé pour ses fibres destinées à la fabrication de cordages, de papiers et de tissus, sa résine était utilisée autrefois comme médication pour soulager les spasmes, les troubles du sommeil et la douleur.

Introduit en Europe au début du XIXe siècle par les soldats de Bonaparte et par des médecins anglais de retour des Indes, le cannabis fut utilisé en médecine pour le traitement des migraines, des douleurs diverses, des spasmes musculaires, de l'asthme, de l'arthrite et de l'épilepsie.

Aujourd'hui, les propriétés thérapeutiques du THC sont reconnues scientifiquement pour les utilisations suivantes :

- stimulant de l'appétit lors de maladies telles le sida et le cancer ;
- contre les nausées et les vomissements associés à la chimiothérapie anticancéreuse ;
- contre la douleur ;
- antispasmodique et relaxant musculaire.

Au Québec et au Canada, certains malades ont accès au cannabis à des fins médicales.

LES CHIFFRES DE NOTRE RÉALITÉ

- En 1998, 13,5 % des Québécois âgés de 15 ans et plus ont consommé du cannabis au cours de l'année précédente, comparativement à une proportion de 8,2 % en 1992-1993 et de 6,5 % en 1989.

- Au Québec, le nombre de consommateurs de cannabis chez les 15-24 ans a presque doublé entre 1992-1993 et 1998, passant de 15 % à 25,9 %.

- Une enquête effectuée en 2000 auprès de 4 730 élèves québécois du secondaire révèle que 40,6 % d'entre eux ont consommé au moins une fois du cannabis durant les douze derniers mois.

- Environ 9 millions de Canadiens ont déjà fumé de la marijuana au cours de leur vie et au moins 2 millions en ont fait usage au cours des douze derniers mois.

- Au Canada, environ 100 000 adultes et 225 000 jeunes de 12 à 17 ans fument quotidiennement du cannabis.

- Une étude canadienne réalisée en 1998 auprès de 7 800 étudiants du premier cycle universitaire rapporte que 47 % d'entre eux déclarent avoir fait usage de cannabis au cours de leur vie et que 28,7 % l'ont fait dans l'année précédant l'enquête. Au Québec (12 universités), 35,6 % en avaient fait usage au cours de la dernière année.

- Le cannabis est la substance illicite• dont l'usage est le plus répandu au Québec, au Canada et dans le monde. Environ 600 000 Canadiens possèdent un casier judiciaire pour une possession simple de cannabis.

QUE PRÉVOIT LA LOI ?

- Depuis 1997, le cannabis (haschich et marijuana) est régi par la *Loi réglementant certaines drogues et autres substances.* Selon les quantités impliquées, il est inscrit aux annexes II, VII et VIII de cette loi.

- Selon cette loi, la possession non autorisée, le trafic, la possession en vue d'en faire le trafic, la production, l'importation et l'exportation sont illégaux.

- Depuis le 31 juillet 2001, le *Règlement sur l'accès à la marijuana à des fins médicales* permet aux patients québécois et canadiens atteints de maladies graves d'être admissibles à la consommation thérapeutique de marijuana. Après approbation obligatoire d'un médecin, trois catégories de patients peuvent consommer la marijuana à des fins médicales. Ces patients peuvent aussi obtenir un permis pour la cultiver ou désigner quelqu'un qui le fait à leur place.

- Le 27 mai 2003, le gouvernement du Canada déposait à la Chambre des communes un projet de réforme législative qui moderniserait l'application de la loi, avec des sanctions moins sévères pour la possession de petites quantités de cannabis et plus sévères à l'endroit des cultivateurs importants de la marijuana ou du haschich.

- Pourcentage des infractions de possession de cannabis qui ont fait l'objet d'une poursuite (mise en accusation) :

	Québec	Canada
En 1996	65,1 %	59,2 %
En 1997	56,7 %	55,6 %

- Au Québec, en 1996 et 1997, 90 % des individus poursuivis pour possession de cannabis sont des hommes et 20 % sont des mineurs.

- Au Québec, en 1998, 55,6 % des mises en accusation pour possession de drogues sont reliées à la possession de cannabis.

- Au Canada, moins de 1 % des utilisateurs de cannabis sont arrêtés chaque année.

AVEC LA COCAÏNE TOUT AUGMENTE,
LES CONSOMMATIONS
ET LES RISQUES AUSSI.

LA COCAÏNE, QU'EST-CE QUE C'EST ET À QUOI ÇA RESSEMBLE ?

La cocaïne se présente habituellement sous la forme d'une poudre blanche plus ou moins fine.

Elle est extraite des feuilles du coca.

Elle peut être prisée (la ligne de *coke* est reniflée), injectée par voie intraveineuse ou fumée. Une ligne équivaut approximativement à 25 mg de cocaïne.

La cocaïne est fréquemment mélangée à d'autres substances, ce qui peut accroître sa dangerosité et potentialiser◆ les effets et les interactions avec des produits dont on ne connaît pas la nature.

EFFETS ET DANGERS DE LA COCAÏNE

La cocaïne est un *stimulant majeur* du système nerveux central. Son usage provoque une euphorie◆ fébrile, un sentiment de puissance intellectuelle et physique et une suppression de la fatigue, de l'appétit et de la douleur.

LA COCAÏNE EST EXTRAITE DES FEUILLES DE COCA PRÉALABLEMENT SÉCHÉES.

LA COCAÏNE

UN PRODUIT ILLICITE

Cet état de stimulation est souvent accompagné d'une certaine agitation et d'anxiété.

Après la période d'euphorie*, une sensation de malaise (dysphorie), accompagnée d'anxiété s'installe. Cet état pousse le consommateur à répéter la prise* selon un horaire plus ou moins régulier (exemple : une ligne aux 30 minutes). Au fur et à mesure que la consommation progresse, l'anxiété et l'agitation augmentent. L'usager a alors souvent recours à la prise concomitante d'alcool, d'anxiolytiques*, de sédatifs* ou de cannabis pour réduire ces symptômes* ou pour accéder au sommeil.

Sur le système nerveux central, la cocaïne agit en empêchant le recaptage de la dopamine* dans les terminaisons pré-synaptiques. Ce faisant, elle augmente la présence et donc l'effet de la dopamine* dans les synapses* du système hédonique du cerveau.

La cocaïne provoque :

- **une contraction de la plupart des vaisseaux sanguins.** Les tissus, insuffisamment irrigués, s'appauvrissent et, par conséquent, meurent. C'est souvent le cas de la cloison nasale qui peut même être perforée chez les usagers qui inhalent ou reniflent régulièrement la cocaïne.

- **des troubles du rythme cardiaque et une hypertension artérielle.** Ils peuvent être à l'origine d'accidents cardiovasculaires, notamment chez des personnes fragiles ou celles qui consomment de fortes quantités de tabac ou de cannabis.

- **chez les personnes plus sensibles,** ou lors de la consommation de doses importantes, la cocaïne peut provoquer des troubles psychologiques, une grande instabilité de l'humeur, des délires paranoïdes, des hallucinations (surtout auditives) ou des attaques de panique. De plus, la cocaïne provoque parfois une psychose toxique, laquelle est caractérisée par une perte de contact avec la réalité. Le comportement de l'individu intoxiqué devient alors imprévisible et potentiellement dangereux.

- **une augmentation de l'activité psychique** et, par conséquent, des insomnies, des phases d'excitation et des troubles de mémoire.

Une autre caractéristique de la cocaïne est de lever les inhibitions, ce qui peut conduire à commettre des actes de violence, des agressions sexuelles, des dépenses compulsives, etc. La sensation de toute-puissance entraînée par la cocaïne en fait un produit qui facilite le passage à l'acte pour divers comportements indésirables ou même criminels.

Par ailleurs, les accessoires utilisés pour renifler peuvent transmettre les virus des hépatites A, B et C s'ils sont partagés entre plusieurs usagers. En cas d'injection, le matériel partagé peut aussi transmettre les virus du sida et des hépatites B et C.

Cocaïne et dépendance

Stimulant puissant, la cocaïne provoque une dépendance psychologique* importante.

Il est alors très difficile d'arrêter une consommation de cocaïne, tant la nécessité d'en reprendre est importante. L'apaisement, même avec la consommation d'une autre substance, est très difficile.

COCAÏNE

Originaire des Andes, le coca est un arbrisseau cultivé en Amérique du Sud, en Indonésie et dans l'Est africain.

Dans les sociétés précolombiennes, la coca servait de plante médicinale, de drogue stimulante, d'objet rituel et de taxe d'imposition.

Dans les pays andins, les feuilles de coca sont consommées sous forme d'une chique que l'on mastique pendant quelques heures. Cette utilisation entraîne chez le consommateur une diminution des sensations de faim, de fatigue et de froid.

Au début du XVIe siècle, les conquérants espagnols donnèrent ce stimulant aux peuples indigènes exploités dans les mines.

En 1860, William Lossen détermine la structure chimique de la cocaïne. Plus tard, des dérivés de la cocaïne sont utilisés pour diverses applications médicales. Dès 1880, la cocaïne devient populaire aux État-Unis et en Europe et elle est utilisée dans diverses boissons toniques, dont le Coca-Cola. À la suite de nombreux problèmes de santé, la vente de cocaïne est sévèrement régie à partir de 1906.

Depuis des décennies, la consommation de cocaïne s'est progressivement répandue, notamment sous l'influence des cartels sud-américains.

UN DÉRIVÉ DE LA COCAÏNE : LE CRACK OU ROCK

Le *crack* ou *rock* est de la cocaïne sous forme de base libre *(free base)*. Il est obtenu en chauffant la cocaïne avec du bicarbonate de sodium et de l'eau. Il se présente sous forme de petites roches.

L'usager en inhale la fumée après les avoir chauffées. Cette opération provoque des craquements qui sont à l'origine de son nom.

Ce mode de consommation provoque des effets immédiats et beaucoup plus intenses que ceux de la cocaïne reniflée : le produit arrive plus rapidement au cerveau, la durée de l'effet euphorisant* est plus brève et la descente est beaucoup plus désagréable. Ses effets sont semblables à ceux de la cocaïne injectée.

LE CRACK

UN PRODUIT ILLICITE

L'usage régulier de crack peut entraîner :

• des dommages au cerveau ;
• des épisodes paranoïdes ;
• des hallucinations ;
• des idées suicidaires ;
• des comportements violents ;
• de graves atteintes des voies respiratoires ;
• des arrêts respiratoires ou cardiaques pouvant entraîner la mort.

Sa consommation régulière crée rapidement une dépendance psychologique• très forte et persistante. Les usagers, même après avoir cessé d'en consommer, restent souvent soumis à des altérations de l'humeur et peuvent connaître des épisodes de rechutes pendant plusieurs mois après l'arrêt de la consommation.

Les chiffres
de notre réalité

- En 1998, 1,6 % des Québécois âgés de 15 ans et plus ont consommé de la cocaïne au cours de l'année précédente.
- En 1997, 46 décès attribués à la cocaïne sont enregistrés au Québec.
- Une enquête effectuée en 2000 auprès de 4 730 élèves québécois du secondaire révèle que 5,2 % d'entre eux ont consommé au moins une fois de la cocaïne durant les douze derniers mois.
- Une étude canadienne réalisée en 1998 auprès de 7 800 étudiants du premier cycle universitaire rapporte que 5,1 % d'entre eux déclarent avoir fait usage de cocaïne au cours de leur vie et que 1,6 % l'ont fait dans l'année précédant l'enquête.

Que prévoit la loi ?

- La cocaïne est inscrite à l'annexe I de la *Loi réglementant certaines drogues et autres substances*.
- La possession, le trafic, la possession en vue d'en faire le trafic, la production, l'importation et l'exportation sont illégaux.
- En 1998, au Québec, 34 % des mises en accusation pour possession de drogues sont reliées à la possession de cocaïne.
- En 1996, au Canada, la cocaïne représentait 17 % des 65 106 infractions reliées aux drogues traitées par les tribunaux.

PILULES-PERFORMANCES,
PILULES-FÊTES, POTIONS MAGIQUES ?
L'ECSTASY EST DE PLUS EN PLUS
RÉPANDUE DANS LE MONDE. LE POINT
SUR DES PILULES CHIMIQUES DONT LES
DANGERS ONT ÉTÉ SOUS-ESTIMÉS.

L'apparition massive de l'ecstasy est notamment associée à l'émergence du mouvement musical techno et à l'organisation de *party rave*•. Au cours d'une soirée, l'usager peut danser de façon continue et répétitive pendant des heures. Aujourd'hui, ce produit est consommé dans d'autres lieux festifs tels que les boîtes de nuit, les bars, etc.

La composition d'un comprimé présenté comme étant de l'ecstasy est souvent incertaine.

L'ECSTASY, QU'EST-CE QUE C'EST ?

L'ecstasy désigne à l'origine une molécule chimique particulière, la MDMA (3,4 méthylènedioxyméthamphétamine), responsable des effets psychoactifs du produit.

La composition d'un comprimé présenté comme étant de l'ecstasy est souvent incertaine. La molécule MDMA n'est pas toujours présente ou peut être mélangée à d'autres substances : amphétamines (amphétamine, méthamphétamine), hallucinogènes (LSD, PCP, kétamine, nexus, PMA (paraméthoxyam-

L'ECSTASY FAIT PARTIE
D'UNE NOUVELLE SÉRIE
DE SUBSTANCES APPARUES
AVEC L'ÉVOLUTION
DE LA CHIMIE :
LES NOUVELLES DROGUES.

L'ECSTASY

UN PRODUIT
ILLICITE

phétamine), etc.), autres stimulants (caféine, éphédrine), anabolisants ou analgésiques• (aspirine). L'ecstasy peut également être coupée avec de l'amidon, des détergents, du savon… !

À QUOI ÇA RESSEMBLE ?

L'ecstasy se présente généralement sous la forme de comprimés de couleurs et de formes diverses où sont souvent gravés des motifs variés (cœur, étoile, papillon, trèfle, etc.). Ces sigles ne garantissent pas la qualité et la pureté du produit. La MDMA est principalement administrée par voie orale. Dans certains cas, elle est prisée, fumée ou injectée par voie intraveineuse. Les doses de MDMA peuvent varier de 12 à 131 mg par comprimé, entraînant de ce fait des différences appréciables au niveau des effets du produit.

Effets et dangers de l'ecstasy

L'ecstasy est le prototype des *hallucinogènes stimulants*, c'est-à-dire des psychotropes[*] ayant à la fois des effets hallucinogènes et stimulants. Bien qu'elle fasse partie des *perturbateurs* du système nerveux central pour ses effets hallucinogènes, la MDMA est un dérivé des amphétamines qui se caractérisent par leurs propriétés stimulantes.

Les effets stimulants prédominent dans l'ecstasy et provoquent une excitation, accompagnée d'un sentiment de puissance physique et mentale, ainsi que d'une suppression de la fatigue, de la faim et de la douleur. Ses effets hallucinogènes sont relativement faibles et ne se produisent généralement qu'à des doses élevées.

L'ecstasy provoque tout d'abord une légère anxiété, une augmentation de la tension artérielle, une accélération du rythme cardiaque et la contraction des muscles de la mâchoire ; la peau devient moite, la bouche sèche. Par la suite, l'usager ressent une sensation de bien-être et de satisfaction (euphorie[*]), une relaxation, une réduction de la sensation de fatigue, une confiance en soi et une diminution de ses inhibitions. Ceci s'accompagne d'une exacerbation des sens, d'une facilitation de l'expression des émotions et d'une plus grande communication avec autrui.

Dans un contexte permettant les échanges verbaux, le consommateur éprouve une sensation de liberté dans ses relations interpersonnelles et a l'impression de se comprendre et d'accepter les autres. Il manifeste une aptitude accrue à l'introspection et à voir clair en soi (effet entactogène*), ainsi que la capacité de se mettre à la place des autres et comprendre ce qu'ils ressentent (effet empathogène*).

Cette phase de sensations agréables est généralement suivie d'une phase où l'individu devient fatigué, triste, déprimé et de mauvaise humeur. Elle peut s'accompagner de cauchemars et d'états de panique. Il arrive que l'usager ressente des états d'anxiété ou que son état dépressif nécessite une consultation médicale, trois ou quatre jours après la consommation.

Une consommation régulière et fréquente amène certains usagers à maigrir et à s'affaiblir ; l'humeur devient instable, entraînant parfois des comportements agressifs. Cette consommation peut révéler ou entraîner des troubles psychologiques sévères et durables.

- L'usage de l'ecstasy provoque une déshydratation de l'organisme et une hausse de la température, d'où la nécessité de maintenir une hydratation suffisante et de s'aérer, si le consommateur se trouve dans une ambiance surchauffée et fait un effort physique intense. Il est important de boire régulièrement de petites quantités de liquide, d'uriner fréquemment et de prendre des périodes de repos régulières.

- L'ecstasy peut entraîner des accélérations et des arythmies cardiaques, de l'hypertension artérielle et divers troubles cardiovasculaires. Ces problèmes peuvent être sérieux chez les personnes prédisposées. L'ecstasy peut aussi induire des hépatites, parfois très graves, chez les usagers réguliers.

- En cas d'association de l'ecstasy avec d'autres substances, les effets indésirables peuvent être accrus. Les risques de complications semblent augmenter avec la dose, la composition du produit et la vulnérabilité de l'usager.

- Les personnes qui suivent un traitement médical s'exposent à des effets dangereux, à cause des interactions médicamenteuses qui risquent de se produire, notamment avec le sildénafil (Viagra®), certains médicaments contre le sida et certains antidépresseurs.

- La consommation d'ecstasy est particulièrement dangereuse pour les personnes qui souffrent de troubles du rythme cardiaque, d'asthme, d'épilepsie, de problèmes rénaux, de diabète, d'asthénie (fatigue) et de problèmes psychologiques.

LA TOXICITÉ NEUROLOGIQUE DE L'ECSTASY EST ACTUELLEMENT ÉVALUÉE CHEZ L'HUMAIN.

Les travaux scientifiques, principalement réalisés chez l'animal (en particulier les primates), démontrent une dégénérescence des cellules nerveuses, en particulier des neurones à dopamine et à sérotonine. Ces atteintes cérébrales peuvent accroître les risques de développer des affections neuropsychiatriques impliquant une déficience en dopamine ou en sérotonine. Ces effets pourraient ne se manifester chez l'humain que plusieurs années après la consommation d'ecstasy.

La consommation d'ecstasy pourrait entraîner à long terme des maladies dégénératives du système nerveux central ou des troubles pouvant entraîner, entre autres, une dépression.

Des études suggèrent que les humains qui consomment des doses répétées de MDMA dans un court laps de temps, par exemple trois doses à trois heures d'intervalle chacune, présentent un risque élevé de développer des lésions neuronales dopaminergiques sévères et une neurotoxicité sérotoninergique significative. Cette neurotoxicité pourrait être irréversible.

Ecstasy et dépendance

La tolérance* à l'ecstasy semble se manifester rapidement. Ainsi, avec une consommation répétée de la substance, il devient difficile, voire impossible, de ressentir ses effets initiaux.

Chez certains usagers, l'ecstasy peut provoquer une dépendance psychologique*. En ce qui concerne la dépendance physique*, les appréciations varient selon les experts. Compte tenu du fait que la majorité des consommateurs prennent cette drogue de façon sporadique, la dépendance est peu marquée. Très peu de cas de dépendance spécifique à l'ecstasy sont rapportés dans la littérature. Les problèmes proviennent surtout de la consommation de doses importantes lors d'une même occasion.

Les drogues de synthèse et drogues d'aujourd'hui

L'ecstasy fait partie d'une nouvelle série de substances apparues avec l'évolution de la chimie : les nouvelles drogues.

Ces drogues de synthèse, appelées *designer drugs*, sont fabriquées par des chimistes dans des laboratoires clandestins. Pour éviter de tomber sous le coup de la loi, ces trafiquants créent des nouveaux produits en modifiant les molécules, d'où l'arrivée sur le marché de ces nouvelles drogues. La modification de la formule chimique de ces produits permet d'obtenir une nouvelle molécule avec des propriétés semblables, nouvelles ou supplémentaires.

La production illicite* d'ecstasy vient principalement d'Europe. Cependant, depuis peu, des laboratoires clandestins se développent en Amérique du Nord, notamment au Québec.

HISTORIQUE

La MDMA a été synthétisée par les laboratoires pharmaceutiques Merck en 1912, afin de produire un nouvel anorexigène*. Elle a aussi été utilisée dans un but militaire : il s'agissait d'amplifier certains effets des amphétamines.

L'ecstasy n'a jamais obtenu d'autorisation de mise en marché. Au cours des années 1970 et 1980, elle a été étudiée comme adjuvant* à la psychothérapie en remplacement du LSD. À partir des années 1970, aux États-Unis et plus récemment en Europe et au Canada, l'ecstasy est utilisée à des fins récréatives lors de soirées de musique techno et de *party rave**.

De nos jours, l'ecstasy demeure une molécule très controversée. Certains psychologues croient qu'elle peut être un adjuvant à la psychothérapie pour aider certaines personnes à exprimer leurs émotions, particulièrement les individus qui souffrent de stress post traumatique*. Ainsi, des essais cliniques sont actuellement conduits aux États-Unis, en Espagne et en Israël en lien avec cette application possible du produit.

Les chiffres
de notre réalité

- Depuis une dizaine d'années, on assiste au Québec et au Canada à une augmentation de la consommation d'ecstasy.

- Selon une étude conduite en 2002 auprès de 210 répondants dans des *party rave* à Montréal, 65 % des personnes interrogées affirment avoir déjà consommé de la MDMA au cours de leur vie et 53,2 % au cours des trente jours précédant l'enquête, ce qui classe cette substance en quatrième position des drogues les plus consommées pour cette période après l'alcool, le cannabis et les amphétamines.

- En 1998, 1,3 % des Québécois âgés de 15 ans et plus ont consommé de l'ecstasy ou d'autres amphétamines au cours de l'année précédente.

- Une étude canadienne réalisée en 1998 auprès de 7 800 étudiants du premier cycle universitaire rapporte que 4,2 % d'entre eux ont déclaré avoir fait usage de la MDMA au cours de leur vie et que 2,4 % l'avait fait dans l'année précédant l'enquête.

Que prévoit la loi ?

L'ecstasy est inscrite à l'annexe III de la *Loi réglementant certaines drogues et autres substances.*

La possession, le trafic, la possession en vue d'en faire le trafic, la production, l'importation et l'exportation sont illégaux.

- Au Canada, la GRC saisissait, en 1998, 69 000 comprimés d'ecstasy. En 2000, elle en saisissait 1,2 million et en 2002, 1,9 million (dont 650 000 au Québec).

- En 2002, trois laboratoires clandestins de MDMA on été démantelés au Québec par la Gendarmerie royale du Canada dont un ayant une capacité de production de 3 000 comprimés par jour et un autre de 150 000 tablettes par semaine.

UN DANGEREUX PSYCHOTROPE QU'IL VAUT MIEUX ÉVITER.

LE GHB, QU'EST-CE QUE C'EST ET À QUOI ÇA RESSEMBLE ?

Le GHB ou gamma-hydroxybutyrate est un *dépresseur* du système nerveux central qui se présente sous forme de liquide incolore et inodore (en petite fiole), de poudre blanche, de capsule ou en granulés à dissoudre dans l'eau. Dissout dans un verre de boisson alcoolisée, il n'a ni odeur ni saveur (à peine un léger goût salé et savonneux). Une dose moyenne de GHB équivaut approximativement à 2,5 grammes de gamma-hydroxybutyrate en poudre.

Dans la rue, le GHB est connu sous de nombreuses appellations dont les plus courantes sont *liquid ecstasy, liquid X, fantasy, salty water, scoop* et *organic quaalude.*

Il est utilisé à des fins non médicales ou abusivement depuis une dizaine d'années. Aujourd'hui, sa vente est illégale au Québec et au Canada. Il est cependant facile à fabriquer clandestinement à l'échelle individuelle et ses précurseurs chimiques[*] sont facilement accessibles. En Europe, il est encore utilisé comme adjuvant[*] de l'anesthésie générale et pour certaines autres applications thérapeutiques.

LE GHB EST UN DÉPRESSEUR DU SYSTÈME NERVEUX CENTRAL QUI SE PRÉSENTE SOUS FORME DE LIQUIDE INCOLORE ET INODORE.

GHB

EFFETS ET DANGERS DU GHB

L'augmentation progressive de la dose de GHB se traduit, dans l'ordre croissant, par les réactions suivantes :

diminution de l'anxiété → relaxation musculaire → désinhibition → euphorie (sensation de bien-être et de satisfaction) → sédation → somnolence → incoordination des mouvements → hypnose → anesthésie générale → coma → mort.

À fortes doses, le GHB peut aussi provoquer :

- des convulsions
- des hallucinations
- un ralentissement cardiaque
- de l'hypotension
- une dépression respiratoire
- l'inconscience

Des cas de coma et de mort ont été observés, notamment lors d'une absorption simultanée de GHB et d'alcool.

L'utilisation du GHB est devenue festive et parfois criminelle, d'où son nom de *drogue de viol,* qui lui a été donné en raison des propriétés de la molécule : amnésie (troubles de mémoire), état semblable à l'ébriété, délais d'action très courts. Le GHB n'a pas de propriétés aphrodisiaques réelles, mais va plutôt provoquer une désinhibition sexuelle.

Le butanediol, molécule apparentée au GHB et présente dans l'industrie chimique (fabrication de résines, polyuréthane, etc.), est aussi utilisé pour obtenir les mêmes effets psychoactifs puisqu'une fois consommé, il se transforme en GHB dans l'organisme.

GHB ET DÉPENDANCE

Compte tenu des effets agréables qu'il produit, le GHB est une substance susceptible d'abus*. Son utilisation excessive et prolongée conduit à la tolérance* et à la dépendance physique*. L'arrêt brusque de l'usage répété de fortes doses de GHB peut provoquer un sevrage* dont les principaux symptômes* sont l'anxiété, l'insomnie, les tremblements et les crampes musculaires.

Les chiffres
de notre réalité

- Selon une étude conduite en 2002 auprès de 210 répondants dans des *party rave*◆ à Montréal, 18,6 % des personnes interrogées affirment avoir déjà consommé du GHB au cours de leur vie et 28,2 % au cours des trente jours précédant l'enquête.

- Une étude conduite en 1997 auprès d'étudiants montréalais du niveau secondaire révèle que 0,2 % d'entre eux ont déjà consommé du GHB au cours de leur vie.

Que prévoit la loi ?

Le GHB est inscrit à l'annexe III de la *Loi réglementant certaines drogues et autres substances.*

La possession, le trafic, la possession en vue d'en faire le trafic, la production, l'importation et l'exportation sont illégaux.

En 1999, la GRC mettait à jour 19 laboratoires clandestins destinés à la fabrication de drogues de synthèse au Canada.

TOUT SAVOIR SUR UNE SUBSTANCE DONT LE NOM FAIT DÉJÀ PEUR. POURQUOI ?

L'HÉROÏNE, QU'EST-CE QUE C'EST ?

L'héroïne est obtenue à partir de la morphine.

Ces deux opiacés* puissants sont originaires d'une plante, le pavot, que l'on incise pour recueillir de l'opium sous forme de latex blanchâtre, pour ensuite le faire sécher et fabriquer la morphine.

À QUOI ÇA RESSEMBLE ?

L'héroïne se présente sous la forme d'une poudre blanche, beige ou brune. Elle est la plupart du temps injectée par voie intraveineuse, après dilution et chauffage. L'héroïne est également prisée et fumée. Une dose moyenne correspond à environ 20 mg.

EFFETS ET DANGERS DE L'HÉROÏNE

L'héroïne est un *dépresseur* du système nerveux central. Elle est transformée dans le cerveau en morphine et se lie aux récepteurs* opioïdes naturels. Ces récepteurs logent dans le cerveau, dans la moelle épinière ainsi que

Héroïne de différentes qualités

L'HÉROÏNE EST UN OPIACÉ QUI DÉRIVE DE LA MORPHINE. CELLE-CI EST EXTRAITE D'UNE PLANTE ORIGINAIRE D'ASIE, LE PAVOT.

L'HÉROÏNE

UN PRODUIT ILLICITE

dans certains viscères. Leur activation par les opiacés entraîne une puissante analgésie, une euphorie* tranquille, l'apaisement et une sensation d'extase. Elle possède également des propriétés anxiolytiques* et antidépressives. Les effets recherchés traduisent parfois un malaise psychique, une souffrance, un besoin d'oubli.

Injectée, l'effet immédiat de l'héroïne est de type *orgasmique*. C'est le *rush**. Il est suivi d'une sensation d'euphorie* et de somnolence, accompagnée parfois de nausées, de vertiges, ainsi que d'un ralentissement du rythme cardiaque et respiratoire.

Lors d'un usage répété, le plaisir intense des premières consommations ne dure en général que quelques semaines. Cette phase est souvent suivie d'un besoin d'augmenter la quantité du produit et la fréquence des prises*. La place alors accordée à cette consommation est telle qu'elle modifie totalement la vie quotidienne de l'usager.

Lors d'un usage répété, le plaisir intense des premières consommations ne dure en général que quelques semaines.

Des troubles peuvent apparaître, incluant la sédation, la somnolence et l'anorexie.

Le surdosage* (surdose* ou overdose) de l'héroïne provoque une dépression respiratoire, une perte de connaissance et éventuellement la mort (chez environ 1 % des héroïnomanes par année).

L'injection entraîne des risques d'infection (notamment par les virus du sida et des hépatites B et C) si l'usager ne se sert pas d'un matériel d'injection stérile, à usage unique.

À PARTIR DE 1985, L'APPROCHE DE RÉDUCTION DES MÉFAITS S'EST DÉVELOPPÉE POUR ÉVITER LA CONTAMINATION DES USAGERS PAR LE VIRUS DU SIDA.

Les mesures préventives suivantes ont été prises :
- la mise en vente libre des seringues en 1987 ;
- la mise en œuvre de programmes d'échange de seringues (exemple : organisme Cactus à Montréal) ;
- la diffusion de *kits de prévention*.

Cette politique a entraîné une baisse significative de la contamination par le virus du sida.

Diverses études montrent que les partages de seringues et les nouvelles contaminations par le virus du sida ont diminué chez les usagers de drogue par voie intraveineuse.

LE NOMBRE DE PERSONNES CONTAMINÉES PAR LE VIRUS DE L'HÉPATITE C ET DU VIH DEMEURE IMPORTANT : IL REPRÉSENTE 60 À 80 % DES USAGERS QUI S'INJECTENT DES DROGUES PAR VOIE INTRAVEINEUSE.

HÉROÏNE ET DÉPENDANCE

La dépendance à l'héroïne s'installe rapidement dans la majorité des cas. L'héroïnomane alterne entre des états d'euphorie• ou de soulagement (lorsqu'il est sous l'effet de l'héroïne) et des états de manque• qui provoquent de l'anxiété, de l'agitation et plusieurs symptômes• physiques.

Les dépendances physique et psychologique à l'héroïne sont très élevées.

Le sevrage• à l'héroïne débute 6 à 12 heures après la prise de la dernière dose et se traduit par des symptômes ressemblant à ceux d'une grippe accompagnés d'anxiété et de bâillements. Par la suite, l'individu manifeste un sommeil agité qui persiste plusieurs heures. Le sevrage atteint son paroxysme après 36 à 72 heures : il éprouve alors des problèmes gastro-intestinaux importants, ses pupilles sont dilatées et il a la chair de poule. Ces manifestations s'accompagnent d'un désir obsédant de consommer la drogue. L'anxiété, l'insomnie, l'agressivité, le délire paranoïde•, l'accélération cardiaque et l'hypertension peuvent aussi être observés. Une grande partie de ces symptômes se résorbe en 5 à 10 jours.

La dépendance à l'héroïne entraîne des risques sociaux importants. Elle enclenche un processus de marginalisation chez plusieurs usagers.

HÉROÏNE

HISTORIQUE

EN 1888, UN CHIMISTE ALLEMAND PRÉCONISE D'EMPLOYER L'HÉROÏNE SYNTHÉTISÉE POUR SOIGNER LA TUBERCULOSE.

Médication *héroïque*, elle est considérée comme susceptible de se substituer à la morphine dans le traitement des douleurs et de la toux. Rapidement, son utilisation devient abusive. Aux États-Unis, on estimait à près de 500 000 le nombre de personnes dépendantes à l'héroïne à la veille de la Première Guerre mondiale.

En 1923, la Société des Nations déclare le produit dangereux et de faible intérêt thérapeutique.

En 1924, l'utilisation non médicale de l'héroïne est prohibée aux États-Unis ; elle y sera totalement bannie en 1956.

LES CHIFFRES DE NOTRE RÉALITÉ

- Au moins 23 000 Québécois s'injecteraient des drogues. De ce chiffre, 75 à 80 % s'injectent de la cocaïne et 20 à 50 % s'injectent de l'héroïne.

- Au Québec, 14 % des utilisateurs de drogues injectables seraient infectés par le VIH.

- À Montréal, près de la moitié des jeunes de la rue sont des utilisateurs de drogues injectables (UDI).

- Dans une cohorte d'utilisateurs de drogues injectables suivis au Centre hospitalier de l'Université de Montréal, Pavillon St-Luc, 48 % étaient atteints d'hépatite B et 70 % d'hépatite C.

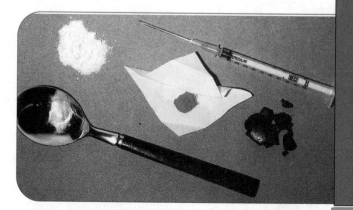

- En 1997-1998, 566 000 seringues étaient distribuées par un des cinq programmes de la région de Montréal. On enregistrait également un taux de récupération de 86 %.

- Une étude canadienne réalisée en 1998 auprès de 7 800 étudiants du premier cycle universitaire rapporte que 0,7 % d'entre eux déclarent avoir fait usage d'héroïne au cours de leur vie.

- Au Québec, parmi les utilisateurs de drogues injectables, 20 % affirment que l'héroïne est la principale substance injectée.

- Au Québec, en 1997, 30 décès attribués à l'héroïne sont enregistrés.

- À Montréal, chez les jeunes de la rue, 32 % déclarent avoir déjà consommé de l'héroïne au cours de leur vie, 16 % dans le dernier mois, 10 % toutes les semaines et 5 % tous les jours.

QUE PRÉVOIT LA LOI ?

L'héroïne est inscrite à l'annexe I de la *Loi réglementant certaines drogues et autres substances*.

La possession, le trafic, la possession en vue d'en faire le trafic, la production, l'importation et l'exportation sont illégaux.

- Au Québec, en 1998, 2 % des mises en accusation pour possession de drogues sont reliées à la possession d'héroïne.

- Au Canada, en 1996, l'héroïne représente 2 % des 65 106 infractions reliées aux drogues traitées par les tribunaux.

KÉTAMINE

LA KÉTAMINE EST UN ANESTHÉSIQUE VÉTÉRINAIRE DÉVELOPPÉ EN 1962. LES MÉLANGES AVEC D'AUTRES DROGUES PEUVENT PROVOQUER UN COCKTAIL EXPLOSIF.

LA KÉTAMINE, QU'EST-CE QUE C'EST ET À QUOI ÇA RESSEMBLE ?

La kétamine est un *perturbateur* du système nerveux central, proche parent de la phencyclidine (PCP). Connue sous les appellations *Spécial K, Vitamine K, Ket, Ketty,* etc., elle est parfois vendue en comprimés ou en capsules sous le pseudonyme *ecstasy.*

Les formes vendues sur la rue comprennent la poudre blanche (soluble dans l'eau et l'alcool), les comprimés, les capsules, les cristaux et la solution (liquide en fiole). La kétamine peut être prise par voie orale, injectée, prisée ou fumée. Les doses sont variables et oscillent généralement entre 5 et 500 mg selon la voie employée et les habitudes de consommation de l'usager.

LA KÉTAMINE EST UN
PERTURBATEUR DU SYSTÈME
NERVEUX CENTRAL,
PROCHE PARENT DE LA
PHENCYCLIDINE (PCP)

EFFETS ET DANGERS DE LA KÉTAMINE

La kétamine est souvent utilisée dans les expériences de « dissociation avec le corps » et de voyages « aux frontières de la mort » *(near death experience)*.

La kétamine provoque des effets hallucinogènes plus courts et moins intenses que le PCP. Ses effets durent environ une heure. Elle est souvent associée à des stimulants, afin de reproduire les effets stimulants et hallucinogènes de l'ecstasy. Elle possède aussi des propriétés anesthésiques♦ et analgésiques♦.

L'utilisation illicite♦ de la kétamine est dangereuse en raison des effets entraînés tels que :

- perte de connaissance accompagnée de vomissements et risque d'asphyxie par invasion pulmonaire des vomissements ;

- troubles psychologiques (anxiété, attaques de panique), neurologiques (paralysies temporaires) et psychiatriques (psychose toxique) ;

- digestifs (nausées, vomissements).

En cas de surdosage♦, il y a risque d'arrêt respiratoire et de défaillance cardiaque.

Consommée régulièrement, la kétamine entraîne une tolérance♦ très importante et peut conduire à une dépendance physique♦ et psychologique♦.

LES CHIFFRES DE NOTRE RÉALITÉ

- Une étude conduite en 1997 auprès d'étudiants montréalais du niveau secondaire révèle que 0,4 % d'entre eux ont déjà consommé de la kétamine au cours de leur vie.

- Selon une étude conduite en 2002 auprès de 210 répondants de *party rave*• à Montréal, 13,8 % des personnes interrogées affirment avoir déjà consommé de la kétamine au cours de leur vie et 34,5 % au cours des trente derniers jours précédant l'enquête.

QUE PRÉVOIT LA LOI ?

La kétamine fait partie de l'annexe F (substances nécessitant une ordonnance) de la *Loi sur les aliments et drogues* : sa possession n'est pas illégale mais le trafic l'est. Elle est utilisée en médecine humaine et vétérinaire comme anesthésique général, administrée par voie intraveineuse ou intramusculaire. Elle est alors commercialisée sous le nom de Ketalar® ou Ketaset® (en fiole de 10 ml renfermant 100 mg par ml) et nécessite une ordonnance. Compte tenu de ses propriétés hallucinogènes, une surveillance étroite est exercée sur cette substance.

LE LSD, UN HALLUCINOGÈNE AUX EFFETS TRÈS PUISSANTS.

LE LSD, QU'EST-CE QUE C'EST ?

Le LSD ou diéthylamide de l'acide lysergique est obtenu à partir de l'ergot de seigle (champignon parasite du seigle et d'autres céréales).

À QUOI ÇA RESSEMBLE ?

Il se présente sous la forme de buvards (papiers imprégnés d'une goutte d'une solution de LSD), de comprimés, d'une micro-pointe (ressemblant à un bout de mine de crayon) ou, plus rarement, sous forme liquide. Une dose pour faire un *trip*• d'acide contient entre 50 et 400 microgrammes de LSD.

EFFETS ET DANGERS DU LSD

Le LSD est un hallucinogène puissant. Il fait partie des **perturbateurs** du système nerveux central. Il entraîne des modifications sensorielles intenses, provoque des hallucinations, des fous rires incontrôlables, des délires. Ces effets, mentalement très puissants, sont très variables suivant les individus et le contexte d'utilisation. Un *trip* dure entre cinq et douze heures, parfois plus longtemps.

LE LSD SE PRÉSENTE GÉNÉRALEMENET SOUS LA FORME DE BUVARDS OU DE COMPRIMÉS.

LSD

UN PRODUIT ILLICITE

Il arrive qu'un consommateur panique en cours d'intoxication◆ : on parle alors de *bad trip*◆. Dans un tel cas, il faut rassurer et apaiser la personne dans une ambiance calme, sous un éclairage tamisé. Il faut être prudent, car l'individu intoxiqué peut être dangereux pour lui ou pour son entourage. L'administration d'alcool peut aggraver le problème.

L'usage du LSD peut générer des accidents psychiatriques graves et durables. La redescente *(down)* peut être très désagréable : l'usager peut se retrouver dans un état confusionnel pouvant s'accompagner d'angoisses, de crises de panique, de trouble paranoïde◆, de phobies et de délire.

L'usage du LSD peut générer des accidents psychiatriques graves et durables.

LSD ET DÉPENDANCE

Le LSD ne provoque pas de dépendance physique♦ et il n'y a pas de syndrome de sevrage♦. Il ne stimule pas le système de récompense du cerveau et n'entraîne pas d'effets renforçateurs directs, c'est-à-dire la capacité de renforcer la stimulation des centres du plaisir localisés dans plusieurs régions cérébrales.

La dépendance psychologique♦ au LSD varie selon le consommateur : chez un faible nombre d'utilisateurs très réguliers, on peut noter de l'anxiété ou une certaine panique lors de la privation. Cependant, le désir impérieux de consommer ne se compare en rien à l'obsession ressentie par le cocaïnomane ou l'héroïnomane.

Synthétisé en 1938 par le chimiste Albert Hofmann, le LSD a été commercialisé quelques années plus tard par les laboratoires suisses Sandoz, sous le nom de Delysid®.

Au cours des années 1950, la Central Intelligence Agency (CIA) mène l'opération *MK-ULTRA* afin d'expérimenter les effets du LSD sur la maîtrise de la pensée et comme sérum de vérité. Bien que les résultats obtenus aient un intérêt limité et que le produit engendre une anxiété importante, la CIA poursuit les recherches afin de mettre au point une arme psychochimique à large échelle.

Au début des années 1960, Timothy Leary et Richard Alpert, deux chercheurs de l'Université Harvard, font la promotion du LSD sur le campus universitaire et sont contraints de quitter leur poste. Ils fondent par la suite l'International Federation for Internal Freedom (IFIF), regroupant plusieurs milliers de membres.

Jusqu'en 1965, le LSD est étudié comme adjuvant◆ à la psychothérapie et fait l'objet de nombreuses publications. La campagne publicitaire menée sur sa toxicité◆ conduit à son illégalité et à la baisse de sa popularité jusqu'à la fin des années 1990.

Les chiffres
de notre réalité

- En 1998, 1,5 % des Québécois âgés de 15 ans et plus ont consommé du LSD ou d'autres hallucinogènes au cours de l'année précédente.

- Une enquête effectuée au Québec auprès de 1 808 adolescents (929 filles et 879 garçons), âgés entre 14 et 17 ans, révèle que 20,5 % des filles et 19,1 % des garçons ont déjà essayé le LSD ou d'autres hallucinogènes, ces produits étant, après la marijuana, la deuxième catégorie de substances illicites* la plus consommée.

- Une étude canadienne réalisée en 1998 auprès de 7 800 étudiants du premier cycle universitaire rapporte que 12,4 % d'entre eux déclarent avoir fait usage de LSD au cours de leur vie et que 1,8 % l'ont fait dans l'année précédant l'enquête.

Que prévoit la loi ?

Le LSD est inscrit à l'annexe III de la *Loi réglementant certaines drogues et autres substances.*

La possession, le trafic, la possession en vue d'en faire le trafic, la production, l'importation et l'exportation sont illégaux.

DU BON ET DU MAUVAIS USAGE DE CES
MÉDICAMENTS QUI SONT LÀ POUR
SOIGNER ET QU'IL NE FAUT SURTOUT
PAS PRENDRE À LA LÉGÈRE.

UN MÉDICAMENT PSYCHOACTIF, QU'EST-CE QUE C'EST ?

Prescrit et utilisé avec discernement, un médicament psychoactif permet d'atténuer ou de faire disparaître une souffrance psychologique : anxiété, angoisse, insomnie, dépression, psychoses, maladie affective bipolaire*, etc.

Un médicament psychoactif est généralement prescrit par un médecin. Après examen, celui-ci établit un diagnostic et, s'il l'estime nécessaire, détermine le traitement le mieux adapté à l'état de santé de la personne.

Un grand nombre de personnes utilisent, avec ou sans ordonnance, des médicaments psychoactifs pour faire face à des troubles provoqués par leurs difficultés quotidiennes. Parmi elles, on peut citer les personnes âgées confrontées à la solitude, ainsi que les personnes exposées à une surcharge de responsabilités, au stress ou à un événement éprouvant.

PRESCRIT ET UTILISÉ AVEC DISCERNEMENT, UN MÉDICAMENT PSYCHOACTIF PERMET D'ATTÉNUER OU DE FAIRE DISPARAÎTRE UNE SOUFFRANCE PSYCHOLOGIQUE.

Les troubles du sommeil sont un motif fréquent de consultation médicale et de prescription de médicaments psychoactifs. Ces troubles peuvent être transitoires ou occasionnels et peuvent parfois devenir chroniques. Les causes peuvent être somatiques (provenant de causes physiques), psychologiques, psychiatriques, ou dues, tout simplement, à des conditions peu propices au sommeil.

EFFETS ET DANGERS DES MÉDICAMENTS PSYCHOACTIFS

Les effets des médicaments* psychoactifs diffèrent selon leur composition chimique, les doses administrées et la sensibilité de la personne.

Consommer des médicaments et d'autres substances psychoactives en même temps comporte des dangers, d'autant plus que certaines interactions sont méconnues. Le mélange avec l'alcool, par exemple, potentialise* ou annule les effets de chacune des substances absorbées.

Les effets d'un médicament psychoactif diffèrent selon la catégorie à laquelle il appartient. On distingue :

- les anxiolytiques*, les sédatifs* et les hypnotiques*
- les antidépresseurs
- les antipsychotiques
- les stabilisateurs de l'humeur

LES BENZODIAZÉPINES

Les anxiolytiques*, les sédatifs* et les somnifères les plus prescrits appartiennent à la grande famille des benzodiazépines*. Ils sont prescrits pour diminuer ou supprimer les manifestations d'anxiété ou d'angoisse, pour calmer et apaiser, pour faciliter la relaxation musculaire et pour induire le sommeil.

Elles peuvent entraîner : perte de mémoire des faits récents, baisse de la vigilance, somnolence et diminution des réflexes. Ces effets rendent dangereuses la conduite d'un véhicule ou la manipulation de machines ou d'équipement pouvant causer des blessures. Ces produits sont connus pour le risque de dépendance physique* et psychologique* qu'ils entraînent. Ils sont souvent utilisés à doses massives ou en association avec d'autres produits et conduisent à une forme de toxicomanie difficile à surmonter.

Plusieurs benzodiazépines sont actuellement commercialisées au Québec et au Canada. Les principales sont : Ativan®, Dalmane®, Halcion®, Lectopam®, Mogadon®, Restoril®, Rivotril®, Serax®, Tranxene®, Valium®, Versed®, Xanax®.

LES ANXIOLYTIQUES ET LES SÉDATIFS

Ils font partie des *dépresseurs* **du système nerveux central. Ils diminuent l'angoisse et les manifestations de l'anxiété (tension musculaire, agitation ...) tout en calmant et en apaisant le consommateur.** Ils ne sont pas indiqués pour une maladie précise mais pour répondre à un état d'anxiété ou d'angoisse. Cependant, tout état de ce type ne nécessite pas systématiquement une prescription de ces médicaments.

Les anxiolytiques[*] et les sédatifs[*] les plus prescrits, notamment pour des durées longues, appartiennent à la famille des benzodiazépines[*], connue pour le risque de dépendance physique[*] et psychologique[*] qu'elle entraîne.

Ils sont parfois utilisés de façon toxicomaniaque, à doses massives ou en association avec d'autres produits.

LES SOMNIFÈRES OU HYPNOTIQUES

Ils font aussi partie des *dépresseurs* **du système nerveux central et sont destinés à provoquer ou à maintenir le sommeil.** De ce fait, ils peuvent diminuer la vigilance en état d'éveil.

Les somnifères les plus prescrits, notamment pour des durées longues, appartiennent à la famille des benzodiazépines.

Ils sont parfois utilisés de façon abusive, à doses massives ou en association avec d'autres produits.

QUELQUES CONSEILS

- Des anxiolytiques*, des sédatifs* ou des somnifères peuvent être prescrits temporairement sans conséquences néfastes significatives pour la santé.

- Les médicaments psychoactifs ne doivent pas être réutilisés sans nouvel avis médical et ne conviennent pas à une autre personne : une ordonnance est individuelle et personnelle.

- Une consultation médicale ne se termine pas obligatoirement par la prescription de médicaments, notamment d'anxiolytiques, de sédatifs ou de somnifères.

- Un état anxieux n'est pas systématiquement traité par un anxiolytique, un sédatif ou un somnifère. Le médecin sait s'il s'agit d'une maladie ou de difficultés passagères et propose alors des solutions adaptées.

- Le patient doit se conformer strictement à l'ordonnance du médecin et éviter de prendre simultanément de l'alcool et d'autres drogues lors du traitement.

MISE EN GARDE

La prise♦ d'alcool ou d'autres dépresseurs du système nerveux central au cours d'un traitement aux benzodiazépines♦ comporte certains risques, car cette combinaison entraîne une potentialisation♦ des effets dépresseurs qui se traduit par une détérioration des performances psychologiques et motrices.

La prise simultanée de benzodiazépines et de méthadone lors de traitements de substitution♦ de l'héroïne est reliée à un risque accru de dépression respiratoire, pouvant entraîner la mort. Les benzodiazépines peuvent entraîner une dépendance physique♦ et psychologique♦ favorisée par la durée du traitement, la dose administrée, les antécédents d'autres dépendances et l'association à l'alcool. La dépendance physique et psychologique se traduit, à l'arrêt brutal du traitement, par un phénomène de sevrage♦ dont les principaux symptômes de manque♦ sont l'anxiété, l'irritabilité, l'agitation, l'insomnie et les douleurs musculaires. L'arrêt progressif permet d'éviter ces troubles et doit donc être fait, idéalement, sous supervision médicale.

LES ANTIDÉPRESSEURS

Les antidépresseurs font partie des *médicaments psychothérapeutiques.* Certains agissent directement ou indirectement sur les neuromédiateurs♦, en particulier sur la sérotonine et la noradrénaline. Ils sont prescrits dans le traitement de la dépression, dont les symptômes♦ sont notamment : diminution marquée de l'intérêt ou du plaisir à vivre, troubles du sommeil, agitation ou apathie, sensation de fatigue ou perte d'énergie inexpliquées, sentiment de dévalorisation ou de culpabilité excessive, diminution de l'aptitude à penser et à se concentrer.

Les antidépresseurs peuvent entraîner des effets indésirables : perte de vigilance, somnolence, excitation.

Ces médicaments doivent être réservés aux dépressions diagnostiquées par le médecin et ne sont généralement pas prescrits pour des difficultés passagères.

Ils n'entraînent pas de dépendance physique* significative. Cependant, la diminution de la posologie* doit être progressive afin d'éviter, en cas d'arrêt soudain, des symptômes* tels les nausées, les vertiges et un retour trop brutal du syndrome dépressif idéalement, l'arrêt de ces médicaments devrait se faire sous supervision médicale.

LES ANTIPSYCHOTIQUES

Les antipsychotiques font partie des *médicaments psychothérapeutiques.* **Ils sont principalement utilisés pour le traitement des psychoses (maladies mentales qui affectent les comportements).**

Dans le traitement de ces maladies souvent longues, la prise en charge psychologique et sociale du patient est aussi importante que le traitement médicamenteux.

Comme pour tout traitement médical, son interruption est particulièrement déconseillée sans l'avis du médecin.

Ces produits n'entraînent pas de dépendance.

Comme pour tout traitement médical, son interruption est particulièrement déconseillée sans l'avis du médecin.

MÉDICAMENTS PSYCHOACTIFS ET DÉPENDANCE

Si certains médicaments* psychoactifs n'entraînent pas de dépendance physique*, une dépendance psychologique* est possible selon chaque individu, pour chaque substance. Quant aux benzodiazépines*, elles peuvent entraîner une dépendance à la fois physique* et psychologique*.

Lorsque la consommation d'un médicament psychoactif est augmentée au-delà de l'ordonnance du médecin, on parle de toxicomanie médicamenteuse.

Les médicaments concernés sont nombreux : opiacés*, barbituriques, amphétamines, benzodiazépines*. Des analgésiques*, des anorexigènes*, des stimulants et des sirops antitussifs sont également utilisés.

La toxicomanie médicamenteuse peut prendre plusieurs formes :

La toxicomanie médicamenteuse

Elle concerne tous les types de médicaments*, les associations de différents médicaments n'étant pas rares.

Cette pratique de consommation se rapproche de la dépendance : la vie de l'usager est centrée sur sa consommation. On constate une alternance entre des moments de consommation contrôlée et des moments de consommation excessive. Lorsqu'on essaie de comprendre ce qui motive ces consommations, il est souvent difficile de distinguer la recherche de l'oubli, du sommeil, du soulagement de l'anxiété, de la recherche de sensations voluptueuses ou du plaisir de fonctionner dans un état second*.

La toxicomanie médicamenteuse chez les toxicomanes

Les médicaments psychoactifs viennent apporter des sensations nouvelles ou moduler les effets sédatifs ou stimulants des autres substances psychoactives consommées.

Suivant les effets recherchés ou les produits dont ils disposent, les usagers dosent avec plus ou moins de précision ou totalement à l'aveuglette leurs mélanges.

LA TOXICOMANIE MÉDICAMENTEUSE MÉCONNUE

Les médicaments sont généralement pris suite à une prescription médicale et, face à la persistance des symptômes* ou à l'apparition de symptômes nouveaux, l'escalade médicamenteuse s'installe.

En effet, l'usager cherche toujours le produit qui le guérira, et le médecin, tout en percevant plus ou moins le bien-fondé de cette demande, prescrit de nouveaux médicaments ou augmente la posologie*.

La situation se complique lorsque le patient fait lui-même ses mélanges, associe les diverses ordonnances d'un ou de plusieurs médecins, dans un but thérapeutique revendiqué.

Dans ce cas, le patient, attaché à ses ordonnances, desquelles il ne supporte pas qu'on supprime un ou plusieurs produits, consomme de façon rituelle des quantités considérables de comprimés, capsules, etc.

Dans cette conduite, il est difficile de faire la part de la contribution réelle de la maladie entre la dépendance physique et psychologique, la peur de voir le symptôme réapparaître et le désir du médicament.

LES PLANTES ONT ÉTÉ LA BASE DE LA MAJORITÉ DES TRAITEMENTS

La pharmacopée (l'ensemble des médicaments) des Mésopotamiens comportait déjà près de 250 espèces de plantes pour soigner. À partir de la Renaissance, arrivent les végétaux d'origine tropicale. L'isolement des principes actifs des plantes ou des substances d'origine végétale n'intervient qu'au début du XIXe siècle, grâce aux progrès de la chimie.

Les substances d'origine animale sont moins fréquentes mais tout aussi anciennes. Poison et venin de certaines espèces étaient utilisés.

Les substances d'origine minérale sont employées depuis toujours à des fins thérapeutiques. Les anciennes civilisations égyptiennes utilisaient le carbonate de calcium pour soigner les acidités du tube digestif, et les Romains, la rouille de fer pour arrêter les hémorragies. Aujourd'hui, certains minéraux sont utilisés par exemple dans les traitements de carences en oligoéléments (fer, cuivre, manganèse, iode, calcium, magnésium, etc.) ou dans le traitement de la maladie affective bipolaire• (lithium).

LES CHIFFRES DE NOTRE RÉALITÉ

- Au Québec, deux fois plus d'ordonnances de médicaments psychoactifs sont délivrées à des femmes qu'à des hommes. Ce rapport est de trois pour un chez les personnes âgées.

- En 1998, 4,4 % des Québécois âgés de 15 ans et plus ont pris un anxiolytique* ou un sédatif* dans les deux jours qui ont précédé l'entrevue.

- En 1996, 3,6 % des Canadiens déclaraient avoir utilisé un antidépresseur au cours des 30 derniers jours.

Que prévoit la loi ?

Les benzodiazépines*, les autres anxiolyti-ques*, sédatifs* et hypnotiques*, les antidé-presseurs, les antipsychotiques et les stabilisateurs de l'humeur ne font pas partie des annexes de la *Loi réglementant certaines drogues et autres substances.* Ce sont des médicaments qui nécessitent une ordonnance.

- À cause de leur abus*, depuis le 1er sep-tembre 2000, les benzodiazépines sont des médicaments ciblés, c'est-à-dire davantage contrôlés.

SAVIEZ-VOUS QUE LA MESCALINE EST PRESQUE IMPOSSIBLE À TROUVER SUR LE MARCHÉ ?

LA MESCALINE, QU'EST-CE QUE C'EST ?

La mescaline est le principal constituant actif du peyotl, un petit cactus brun-gris d'Amérique Centrale.

La mescaline n'est pas disponible au Québec et au Canada. Ce que l'on retrouve sur le marché sous la dénomination de *mescaline* est en fait du PCP (voir section sur le PCP).

EFFETS ET DANGERS DE LA MESCALINE

Elle fait partie des *perturbateurs* du système nerveux central. C'est un hallucinogène qui provoque moins d'effets centraux* que le LSD, mais des effets périphériques* plus marqués.

Les **principaux effets centraux*** de la mescaline sont l'euphorie (sensation de bien-être et de satisfaction), un accroissement de l'acuité sensorielle, une altération de la mémoire à court terme, des troubles de la pensée et de la concentration ainsi que des hallucinations. Ces effets s'accompagnent d'une altération de la perception de soi, des formes, des couleurs, du temps et de l'espace.

LA MESCALINE EST LE PRINCIPAL CONSTITUANT ACTIF DU PEYOTL, UN PETIT CACTUS BRUN-GRIS D'AMÉRIQUE CENTRALE.

MESCALINE

UN PRODUIT ILLICITE

Les principaux effets périphériques◆ sont l'altération de la vision, une dilatation de la pupille ainsi qu'une augmentation de la fréquence cardiaque, de la pression artérielle et de la température corporelle.

L'intoxication◆ aiguë peut entraîner l'anxiété, une dépersonnalisation, une sensation de perte de la maîtrise de soi et de son environnement et un état de panique. Cette réaction, connue sous le nom de *mauvais voyage (bad trip◆)*, s'accompagne de conduites susceptibles d'être dangereuses.

L'intoxication chronique provoque, entre autres, un syndrome d'amotivation, des troubles de l'humeur et des réminiscences d'hallucinations.

MESCALINE ET DÉPENDANCE

La tolérance* aux effets hallucinogènes s'installe après quelques jours de consommation et disparaît aussi rapidement. Bien que la dépendance physique* soit absente, une dépendance psychologique* d'intensité variable peut être observée.

LES CHIFFRES DE NOTRE RÉALITÉ

La mescaline n'est pas disponible au Québec et au Canada.

Que prévoit la loi ?

La mescaline est inscrite à l'annexe III de la *Loi réglementant certaines drogues et autres substances.*

La possession, le trafic, la possession en vue d'en faire le trafic, la production, l'importation et l'exportation sont illégaux.

MÉTHADONE

UTILISÉE COMME TRAITEMENT DE SUBSTITUTION À L'HÉROÏNE, LA MÉTHADONE NÉCESSITE UN SUPPORT MÉDICAL ADÉQUAT.

LA MÉTHADONE, QU'EST-CE QUE C'EST ?

La méthadone (Metadol®) est une substance synthétique de la famille des opiacés◆ qui agit sur les mêmes récepteurs◆ que la morphine et l'héroïne. Elle manifeste des propriétés analgésiques◆ aussi puissantes que la morphine. Elle est employée essentiellement comme traitement de substitution◆ chez les héroïnomanes dépendants : la méthadone a des propriétés comparables à l'héroïne, mais elle présente un profil pharmacologique plus avantageux. Ce transfert de dépendance permet de stabiliser le patient et facilite sa réadaptation.

À QUOI ÇA RESSEMBLE ?

La méthadone (Metadol®) est disponible au Canada sous forme de comprimés ou de solution orale.

LA MÉTHADONE EST UNE SUBSTANCE SYNTHÉTIQUE DE LA FAMILLE DES OPIACÉS.

MÉTHADONE

EFFETS DE LA MÉTHADONE

Une dose thérapeutique adéquate de méthadone est très peu euphorisante♦ pour l'héroïnomane et permet un sevrage♦ plus confortable. Les réactions indésirables les plus fréquentes sont la transpiration excessive (48 %), la diminution de la libido (22 %), la constipation (17 %) et les troubles du sommeil (16 %).

Chez la femme enceinte, bien que comportant certains risques pour le fœtus, l'usage de la méthadone est nettement plus sécuritaire que la prise♦ d'héroïne ou le sevrage♦ pendant la grossesse.

Traitement à la méthadone

Les modalités de sevrage* à la méthadone dépendent du patient et de l'équipe médicale qui le soigne.

Du fait de sa longue durée d'action, la méthadone est normalement administrée une seule fois par jour dans le traitement des héroïnomanes dépendants. Ses symptômes* de sevrage sont beaucoup moins intenses, mais de plus longue durée que l'héroïne. Le traitement d'entretien à la méthadone est habituellement envisagé à long terme. La durée de la thérapie varie d'un à deux ans, mais peut même atteindre des périodes beaucoup plus longues, pouvant parfois aller jusqu'à vingt ans ou plus.

Les doses initiales de méthadone suggérées sont de 20 à 30 mg/jour, mais peuvent être augmentées de 10 mg par semaine chez les personnes souffrant de sevrage*. La prise* de doses de méthadone supérieures à 60 mg/jour atténue aussi l'euphorie* et les sensations agréables provoquées par l'injection d'héroïne. Au Québec, la dose de maintien ne dépasse généralement pas 100 mg/jour.

Il s'agit actuellement du traitement le plus efficace contre la dépendance aux opiacés*.

Le traitement à la méthadone doit être interrompu progressivement, en diminuant la dose, d'abord de 5 mg/jour tous les 15 jours jusqu'à la réduction de la moitié de la dose initiale, puis par paliers de 2 mg/jour tous les 15 jours.

DANGERS DE LA MÉTHADONE

La méthadone disponible sur le marché noir peut être adultérée et présenter un danger pour le consommateur. En l'absence de contrôles de qualité rigoureux et d'un support médical adéquat, son usage inapproprié peut conduire à des risques sanitaires sérieux, à une intoxication◆ de type opiacé◆ et à un surdosage◆ pouvant même être mortel.

La prise simultanée de benzodiazépines◆ et de méthadone lors de traitements de substitution◆ de l'héroïne est reliée à un risque accru de dépression respiratoire, pouvant entraîner la mort.

La méthadone est bénéfique pour plusieurs patients mais les échecs et les rechutes sont fréquents. Lors d'une réduction graduelle des doses de méthadone jusqu'à l'abstinence complète, plusieurs personnes peuvent ressentir, pendant un ou deux ans, un désir obsédant très marqué pour l'héroïne ou un autre opiacé quand les doses sont inférieures à une certaine quantité. Étant donné que le risque de rechute est élevé chez ces patients, un traitement à la méthadone à long terme est souvent indiqué.

Il n'existe pas d'indicateurs très fiables permettant de prédire les chances de réussite d'un traitement à la méthadone. Afin de maximiser les bienfaits et les probabilités de succès, la thérapie doit être associée à un encadrement rigoureux du patient par divers professionnels de la santé et des services sociaux.

HISTORIQUE

La méthadone, initialement appelée *aldophine*, a été synthétisée pour la première fois par des chimistes allemands lors de la Deuxième Guerre mondiale, puis baptisée de ce nom en 1946.

Elle est employée pour la première fois au Canada dans les traitements de désintoxication• par Halliday au cours des années 1960. Au début de ces années, Dole et Nyswander, respectivement médecin et psychiatre américains, constatent les effets bénéfiques de la méthadone prise par voie orale lors de traitements de sevrage• et de réadaptation des opiomanes.

Les succès indéniables de cette approche, confirmés par plusieurs autres études scientifiques, conduisent à la mise en place de programmes similaires dans d'autres pays au cours des années 1960 (Danemark, Pays-Bas, Royaume-Uni, Suède), 1970 (Finlande, Italie, Luxembourg et Portugal), 1980 (Autriche et Espagne) et 1990 (Allemagne, France, Grèce et Irlande).

Au Québec, le Centre de recherche et d'aide aux narcomanes (CRAN) est un pionnier dans les traitements de la dépendance à l'héroïne et les thérapies de substitution à la méthadone.

Méthadone et dépendance

Les individus sous traitement à la méthadone développent une tolérance◆ à certains de ses effets et peuvent manifester certains symptômes de sevrage◆ s'ils ne prennent pas régulièrement leur dose. Cependant, la méthadone n'est pas vraiment considérée comme une substance qui crée l'accoutumance◆ au plein sens du terme, si l'on tient compte de son mode d'utilisation et des motifs de son usage.

Les chiffres de notre réalité

- D'après le Service d'appui pour la méthadone (SAM), 1 795 personnes bénéficiaient d'un traitement à la méthadone au Québec en février 2002.
- À Montréal, chez les jeunes de la rue, 8 % déclarent avoir consommé de la méthadone au cours de leur vie.

Que prévoit la loi ?

La méthadone est inscrite à l'annexe I de la *Loi réglementant certaines drogues et autres substances*. Elle est disponible légalement, pour un usage médical en quantités limitées, sous forme de poudre soluble administrée par voie orale.

SON USAGE DANS UN CONTEXTE DE « PARTY RAVE » EST SOUVENT RELIÉ À UNE CONFUSION D'APPELLATION.

QU'EST-CE QUE C'EST ?

Le nexus ou « 2-CB » désigne la molécule *4-bromo-2,5-diméthoxyphényléthylamine.* Il est généralement vendu sous le pseudonyme de *MDMA* ou *LSD*.

EFFETS ET DANGERS DU NEXUS

Le nexus est un **hallucinogène stimulant,** c'est-à-dire un psychotrope• ayant à la fois des effets hallucinogènes et stimulants. Il fait partie des *perturbateurs* du système nerveux central.

Il peut être pris par voie orale ou intranasale. La dose usuelle varie de 10 à 20 mg. Les effets durent généralement six à huit heures. À des doses supérieures à 20 mg, il peut provoquer des hallucinations terrifiantes.

NEXUS ET DÉPENDANCE

La dépendance au nexus n'est pas bien documentée dans les publications scientifiques.

LE NEXUS EST UN HALLUCINOGÈNE STIMULANT.

NEXUS

UN PRODUIT ILLICITE

LES CHIFFRES DE NOTRE RÉALITÉ

- Depuis quelques années, on assiste au Québec et au Canada à un développement de la consommation de nexus.
- Une étude effectuée en 1997 auprès d'étudiants montréalais du niveau secondaire révèle que 0,7 % d'entre eux ont déjà consommé du nexus au cours de leur vie.

QUE PRÉVOIT LA LOI ?

Le nexus est inscrit à l'annexe III de la *Loi réglementant certaines drogues et autres substances*.

La possession, le trafic, la possession en vue d'en faire le trafic, la production, l'importation et l'exportation sont illégaux.

LE PCP EST TRÈS TOXIQUE ET SOUVENT VENDU SOUS DE FAUX NOMS. COMMENT LE RECONNAÎTRE ?

LE PCP, QU'EST-CE QUE C'EST ?

La phencyclidine (ou 1-**p**hényl**c**yclohexyl-**p**ipéridine) ou PCP, encore appelée *Mess*, *TH*, *Angel dust* et *Peace Pill*, est un hallucinogène qui produit des effets comparables au LSD tout en suscitant moins d'hallucinations.

À QUOI ÇA RESSEMBLE ?

À l'état pur, le PCP se présente sous forme de poudre cristalline blanche qui se dissout rapidement dans l'eau et l'alcool. De production facile, il est synthétisé dans des laboratoires clandestins et vendu dans la rue sous forme de poudres, de comprimés et de capsules de couleurs variées. Une dose typique de l'ordre de 5 à 10 mg coûte environ 10 $. Du fait de son prix peu élevé et de sa synthèse facile, le PCP est souvent utilisé pour couper ou pour amplifier les effets d'autres psychotropes◆ tels le LSD, le cannabis ou la cocaïne.

Le PCP est souvent vendu sous de faux noms, fréquemment sous la dénomination de *mescaline*.

LE PCP PRODUIT DES EFFETS
COMPARABLES AU LSD
TOUT EN SUSCITANT MOINS
D'HALLUCINATIONS.

PCP

UN PRODUIT
ILLICITE

EFFETS ET DANGERS DU PCP

Le PCP produit une anesthésie générale,
réduisant ainsi la perception de la douleur et
de l'environnement. Il manifeste à la fois des
propriétés de *dépresseurs* et de *stimulants*
du système nerveux central. Il peut entraîner
une euphorie•, une relaxation, des troubles de
mémoire, des sentiments de dissociation de
l'environnement et des hallucinations. Les
modifications de la perception et des
processus de la pensée qu'il provoque sont
semblables à ceux induits par le LSD.

Il peut également provoquer des effets psychiques traumatisants : le consommateur a une pensée désordonnée et un sentiment intense d'aliénation, accompagnés de troubles paranoïdes. Ces troubles et le délire peuvent entraîner des comportements étranges ou violents et une psychose toxique. Outre les problèmes de comportement, le surdosage• peut causer des troubles du métabolisme musculaire (rhabdomyolyse) susceptibles de provoquer un blocage rénal dû à l'accumulation de déchets métaboliques.

Le PCP est très toxique. Des doses supérieures à 10 mg chez un consommateur non tolérant peuvent causer le délire, la rigidité musculaire, le mutisme, une sédation sévère et un état de stupeur. Des doses supérieures à 20 mg peuvent entraîner des convulsions et le coma. La mort survient habituellement à des doses variant entre 150 et 200 mg. Elle peut résulter d'un arrêt cardiaque ou respiratoire, de complications rénales ou d'hémorragies cérébrales.

L'intoxication• chronique au PCP entraîne des problèmes intellectuels, psychologiques et psychiatriques.

PCP et dépendance

Le PCP stimule les régions cérébrales reliées au plaisir et au renforcement. La dépendance psychologique* s'observe chez quelques utilisateurs habituels. Elle se caractérise par le désir obsédant de consommer et de ressentir les effets du produit, ainsi que par la difficulté à interrompre l'usage malgré ses propriétés nocives.

La dépendance physique* est rare chez l'humain.

Les chiffres de notre réalité

Une étude conduite en 1997 auprès d'étudiants montréalais du niveau secondaire révèle que 8,5 % d'entre eux ont déjà consommé du PCP au cours de leur vie.

Que prévoit la loi ?

Le PCP est inscrit à l'annexe III de la *Loi réglementant certaines drogues et autres substances.*

La possession, le trafic, la possession en vue d'en faire le trafic, la production, l'importation et l'exportation sont illégaux.

LA PSILOCYBINE SE RETROUVE DANS ENVIRON 40 ESPÈCES DE CHAMPIGNONS.

LA PSILOCYBINE, QU'EST-CE QUE C'EST ?

La psilocybine est un *perturbateur* du système nerveux central. Elle est présente dans ce qu'on appelle les *champignons magiques*, des champignons de la famille des Psilocybes (les plus connus), des Stropharia et des Panaeolus. La dose hallucinogène typique est de 4 à 10 mg, ce qui correspond à des chiffres oscillant entre 2 et 40 champignons selon les variétés disponibles.

EFFETS ET DANGERS DE LA PSILOCYBINE

La psilocybine est un hallucinogène environ 10 fois moins puissant que le LSD, mais provoquant des effets moins prononcés que ce dernier. Les effets de la psilocybine durent approximativement trois à six heures et disparaissent habituellement en 12 heures. Des hallucinations peuvent parfois être perçues jusqu'à quatre jours après l'ingestion.

PSILOCYBINE ET DÉPENDANCE

Il n'y a pas de preuves que la psilocybine entraîne une dépendance physique• ou psychologique•.

LA PSILOCYBINE EST PRÉSENTE DANS LES CHAMPIGNONS MAGIQUES.

PSILOCYBINE

UN PRODUIT ILLICITE

LES CHIFFRES DE NOTRE RÉALITÉ

- Une étude conduite en 1997 auprès d'étudiants du niveau secondaire révèle que 10 % d'entre eux ont déjà consommé des champignons magiques au cours de leur vie et 5 % l'ont fait dans le mois qui a précédé l'enquête.

- À Montréal, chez les jeunes de la rue, 72 % déclarent avoir consommé des champignons magiques au cours de leur vie et 23 % au cours du mois qui a précédé l'enquête.

QUE PRÉVOIT LA LOI ?

La psilocybine est inscrite à l'annexe III de la *Loi réglementant certaines drogues et autres substances.*

La possession, le trafic, la possession en vue d'en faire le trafic, la production, l'importation et l'exportation sont illégaux.

PLUS LOIN, PLUS HAUT, PLUS FORT ! MAIS À QUEL PRIX ?

UNE CONDUITE DOPANTE, QU'EST-CE QUE C'EST ?

On parle de *conduite dopante* lorsqu'une personne consomme certains produits pour affronter un obstacle réel ou ressenti, pour améliorer ses performances (compétition sportive, examen, entrevue d'embauche, prise de parole en public, situations professionnelles ou sociales difficiles).

Dans le monde sportif, cette pratique prend le nom de *dopage*.

LE DOPAGE N'EST PAS UNE SIMPLE TRICHERIE

De nombreux facteurs interviennent dans les motivations des usagers et prédisposent à une conduite dopante :

- **le sexe** : en moyenne, les garçons se dopent plus que les filles ;
- **l'âge** : le nombre d'usagers est plus élevé au cours de l'adolescence ;

ON PARLE DE CONDUITE DOPANTE LORSQU'UNE PERSONNE CONSOMME POUR AFFRONTER UN OBSTACLE, RÉEL OU RESSENTI, AFIN D'AMÉLIORER SES PERFORMANCES.

- **le milieu familial** : le comportement des aînés vis-à-vis des substances psycho-actives est important ; la pression ou le dés-intérêt de l'entourage en fonction des résultats sportifs peuvent aussi jouer un rôle ;

- **l'obligation de résultats** ;

- **l'isolement social** : l'éloignement du do-micile, des lieux d'études, de travail ou d'en-traînement sportif ;

- **le système de carrière** dans le milieu sportif et la recherche de la célébrité ;

- **les amis, les collègues de travail** : le besoin de s'intégrer.

Au Québec et au Canada, la Commission Dubin conclut que l'usage des substances dopantes est très répandu dans le domaine sportif sans pour autant pouvoir fournir des chiffres précis. Elle constate aussi que la consommation de produits dopants déborde le sport d'élite et pénètre les gymnases et les vestiaires des écoles secondaires, menaçant la santé des athlètes, des sportifs d'occasion et des étudiants du secondaire.

Sur le plan mondial, il est difficile aujourd'hui de déterminer avec exactitude l'ampleur du phénomène d'abus[•] des substances dopantes et de leur utilisation illicite[•] dans le monde du sport. Néanmoins, un récent rapport officiel des États-Unis affirme qu'un tiers des sportifs (et dans certaines disciplines olympiques jusqu'à 80-90 %) ont recours à des substances chimiques interdites.

Seuls les produits causant des effets psychotropes significatifs et utilisés lors de conduites dopantes sont traités ici :

- les stimulants
- les androgènes et les stéroïdes* anabolisants
- les corticostéroïdes
- les analgésiques* opiacés*
- le GHB

Même s'ils ne sont pas traités ici, l'usage de diurétiques, d'hormones de croissance, d'érythropoïétine (EPO) et d'anesthésiques locaux comporte des risques et des dangers pour la santé. Ces substances n'entraînent ni modification de la conscience ni dépendance psychologique*.

Les substances dopantes sont achetées :

- dans le circuit pharmaceutique légal (médicaments* détournés de leur usage, souvent prescrits sur ordonnance médicale) ;
- sur le marché clandestin, fournies le plus souvent par l'entourage des usagers (produits de laboratoires clandestins ou importations frauduleuses) ; leur nature exacte est invérifiable et leur qualité sujette à caution.

EFFETS ET DANGERS DES SUBSTANCES DOPANTES À RISQUE DE DÉPENDANCE

LES STIMULANTS

Les amphétamines, la cocaïne, la caféine, l'éphédrine et les produits dérivés sont les plus utilisés.

Les stimulants sont consommés pour accroître la concentration et l'attention ainsi que pour réduire la sensation de fatigue. Ils augmentent l'agressivité et font perdre du poids.

Ces produits agissent sur le système cardio-vasculaire et neurologique. Leur consommation peut entraîner des troubles psychiatriques.

Le dépassement du seuil physiologique de la fatigue entraîné par l'usage de ces substances **peut provoquer des états de faiblesse** pouvant aller jusqu'à l'épuisement, voire jusqu'à la mort.

LES ANDROGÈNES ET LES STÉROÏDES ANABOLISANTS

Les **androgènes** sont les hormones mâles responsables de la fonction des spermatozoïdes et de l'apparition et du développement des caractères sexuels masculins. Ils comprennent principalement la testostérone[*] et son produit de transformation plus actif, la dihydrotestostérone.

Les **stéroïdes anabolisants** sont des analogues synthétiques de la testostérone modifiés chimiquement afin de diminuer les effets androgènes (propres aux caractères sexuels masculins), augmenter les effets anaboliques (permettent la synthèse de substances favorisant notamment l'augmentation de la masse musculaire) et réduire l'incidence d'effets indésirables.

Certains auteurs emploient une terminologie commune pour désigner les androgènes et les stéroïdes anabolisants : **ils les appellent simplement *stéroïdes***, car ils ont la même structure chimique de base.

Les produits les plus utilisés au Québec et au Canada sont la nandrolone (Deca-Durabolin® ou Durabolin®), le danazol (Cyclomen®), la fluoxymestérone (Halotestin®), l'oxandrolone (Oxandrin®), l'oxymétholone (Anapolon 50®) et le stanozolol (Winstrol®).

Les stéroïdes ont plusieurs applications thérapeutiques licites : hypogonadisme mâle (déficiences fonctionnelles des testicules à la puberté ou ultérieurement au cours de la vie), retard de croissance, ostéoporose, etc.

Ils sont aussi utilisés illégalement par les sportifs comme substances dopantes.

EFFETS RECHERCHÉS PAR LES ATHLÈTES

L'usage abusif et illégal des agents anabolisants par les sportifs repose sur la croyance que leur consommation améliore la performance athlétique. Bien que diverses opinions scientifiques réfutent cette allégation, les stéroïdes anabolisants peuvent, dans certaines conditions, produire les effets suivants :

- une augmentation de la masse musculaire et du poids ;

La dose totale consommée par les athlètes peut excéder de 2 à 200 fois la dose thérapeutique.

- une augmentation de la force musculaire ;
- une augmentation de l'agressivité et de la motivation durant l'entraînement et la compétition ;
- une augmentation de l'endurance physique par l'aptitude à résister à la fatigue ;
- une récupération plus rapide après l'exercice et les périodes d'entraînements intensifs.

Dangers des stéroïdes

Les bénéfices de l'usage des agents anabolisants à des fins non thérapeutiques sont minimes par rapport aux risques encourus qui peuvent être nombreux et parfois irréversibles.

Selon la dose et la durée de consommation, les agents anabolisants peuvent provoquer des tendinites, des déchirures musculaires, des saignements du nez, de l'acné majeure, des troubles nerveux, psychologiques ou psychiatriques, des perturbations hormonales, des troubles sexuels, des troubles du foie, des troubles cardiovasculaires pouvant entraîner la mort ainsi que des cancers.

Les androgènes et les stéroïdes anabolisants peuvent entraîner une dépendance physique♦ et psychologique♦.

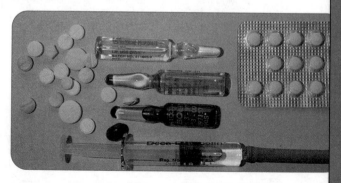

HISTORIQUE

La découverte des androgènes a lieu dans les années 1930. Rapidement, plusieurs dérivés sont synthétisés puis utilisés chez l'humain pour augmenter ses performances physiques. En 1939, les androgènes sont administrés aux troupes allemandes pour augmenter leur agressivité au combat. Le recours aux stéroïdes devient très répandu au cours des années 1950 chez les athlètes olympiques.

En 1976, le Comité international olympique (CIO) introduit les tests de dépistage des stéroïdes dans l'urine aux Jeux Olympiques de Montréal. Les athlètes utilisent alors des produits qui masquent leur consommation afin d'éviter d'être détectés. En 1988, lors des Jeux Olympiques de Séoul, des méthodes sophistiquées de détection de faibles quantités de stéroïdes dans l'urine sont introduites. Ben Johnson est disqualifié et expulsé des jeux après avoir testé positif au stanozolol.

Lors des Jeux Olympiques de Sydney de 2000, le CIO introduit les tests sanguins. En août 2001, le CIO, les fédérations internationales et les gouvernements conviennent d'établir à Montréal le siège social de l'Agence mondiale antidopage (AMA). Celle-ci ouvrit ses bureaux en juin 2002 sous la présidence de l'avocat montréalais Richard Pound.

LES CORTICOSTÉROÏDES

Ces substances qui soulagent la fatigue ont une action psychostimulante et anti-inflammatoire. Elles augmentent la tolérance* à la douleur et permettent de poursuivre un effort qui serait insupportable dans des conditions normales.

La consommation de corticostéroïdes entraîne en particulier une fragilité des tendons, des déchirures musculaires, des infections locales et générales. Les symptômes vont de la simple fatigue chronique avec une chute des performances, à une défaillance cardiovasculaire pouvant conduire au décès.

Les corticostéroïdes peuvent entraîner une dépendance.

LES ANALGÉSIQUES OPIACÉS

Ces substances assoupissent et engourdissent la sensibilité et comprennent une vingtaine de produits dont le chef de file est la morphine.

Ils sont utilisés pour supprimer ou atténuer la sensibilité à la douleur et provoquer une impression de bien-être.

Ils entraînent des effets nocifs : risques de dépression respiratoire, d'accoutumance* et de dépendance physique*, diminution de la concentration et de la capacité de coordination.

LE GHB

Le gamma-hydroxybutyrate ou GHB provoque la libération de l'hormone de croissance, ce qui stimule le développement musculaire. Les athlètes et les culturistes recherchent les effets anabolisants puisque le GHB représente une alternative aux stéroïdes anabolisants.

Le GHB est une drogue susceptible d'abus*. Son usage excessif et prolongé conduit à la tolérance* et à la dépendance physique* (voir section sur le GHB).

LES CHIFFRES DE NOTRE RÉALITÉ

- En 1996, 0,8 % des Canadiens déclaraient avoir utilisé des stéroïdes anabolisants au cours des 30 derniers jours.

- Une étude canadienne réalisée en 1998 auprès de 7 800 étudiants du premier cycle universitaire rapporte que 0,8 % d'entre eux déclarent avoir fait usage de stéroïdes anabolisants au cours de leur vie.

- En 1998, un sondage réalisé par la GRC montre que 16,7 % des jeunes athlètes du niveau secondaire confessent avoir eu recours à une substance dopante dans le but d'améliorer leurs performances athlétiques et 4,1 % d'entre eux affirment avoir utilisé des stéroïdes anabolisants.

QUE PRÉVOIT LA LOI ?

Le dopage fait l'objet d'interdictions nationales et internationales dans le domaine du sport. Si certains pays, dont la France, se sont munis de lois spécifiques dans le domaine du sport, le Québec et le Canada se limitent à appliquer les conventions internationales réglementant le sport, notamment celles du Comité international olympique (CIO).

Les substances dopantes sont souvent des médicaments*. Ainsi, en dehors des normes sportives, l'usage, la distribution et le transport sont régis par la *Loi sur les aliments et drogues.* Des sanctions criminelles sont prévues lors des infractions reliées aux produits inclus dans les annexes de la *Loi réglementant certaines drogues et autres substances.*

Ainsi, les stéroïdes anabolisants sont inscrits à l'annexe IV de cette loi. La possession illégale, le trafic, la possession en vue d'en faire le trafic, la production, l'importation et l'exportation sont illégaux.

Des vapeurs nocives qu'il vaut mieux éviter !

Les substances volatiles, qu'est-ce que c'est ?

Les substances volatiles, connues également sous le terme anglais *inhalants*, représentent un groupe hétérogène de produits dont l'inhalation des vapeurs provoque des effets psychotropes•. Présentes dans des produits domestiques, industriels et médicaux, ces substances sont classées en trois grandes catégories :

- les solvants volatils ;

- les nitrites, communément appelés *poppers* ou *rush*• ;

- les anesthésiques généraux volatils représentés principalement par le protoxyde d'azote (oxyde nitreux ou gaz hilarant), l'éther, le chloroforme, le desflurane (Suprane®), l'enflurane (Ethrane®), l'halothane (Fluothane®), l'isoflurane (Forane®), le propofol (Diprivan®) et le sevoflurane (Sevorane®).

Une enquête effectuée au Québec en 2000 auprès de 4 730 élèves du secondaire révèle que 2,9 % d'entre eux ont consommé au moins une fois des solvants durant les douze derniers mois.

Solvants volatils

Les solvants volatils sont des psychotropes[*] **puissants,** facilement disponibles et de très faible coût. On les retrouve dans diverses colles, la laque, le vernis, la peinture en aérosol, le diluant à peinture, le liquide correcteur (Liquid Paper®), l'essence, le combustible à briquet, les liquides antiadhésifs en vaporisateur (PAM®), les réfrigérants (Freon®), certains agents nettoyants et plusieurs autres produits domestiques et industriels.

Effets et dangers des solvants volatils

Leurs effets ressemblent à ceux d'une intoxication[*] instantanée à l'alcool. Leur emploi régulier et abusif est particulièrement fréquent chez les adolescents et les individus les plus démunis. Leur abus entraîne des risques sanitaires très élevés et peut conduire à des troubles psychologiques, neuromoteurs, sanguins, hépatiques, cardiovasculaires et respiratoires. Le syndrome de sevrage[*] ressemble à celui des autres dépresseurs du système nerveux central.

POPPERS

Les poppers comprennent principalement le nitrite d'amyle et le nitrite de butyle. Ils se présentent sous la forme de liquides volatils dont les vapeurs sont aspirées par le nez. Ce sont des vasodilatateurs* utilisés en médecine pour soigner certaines maladies cardiaques.

Une bouteille de 30 ml de nitrites permet des centaines d'inhalations.

Les nitrites sont aussi présents dans certains produits homéopathiques et employés comme adjuvants* pour certaines préparations pharmaceutiques et comme solvants industriels.

EFFETS ET DANGERS DES POPPERS

Les effets des poppers sont quasiment immédiats : brève bouffée vertigineuse et stimulante. L'usager ressent l'euphorie*, ainsi qu'une sensation de vive chaleur interne et sa sensualité est exacerbée. Cet effet dure à peu près deux à trois minutes.

En provoquant une dilatation des vaisseaux périphériques, les nitrites réduisent l'apport de sang au cerveau, ce qui entraîne une privation en oxygène. Cet effet semble contribuer à la sensation aphrodisiaque qu'ils produisent. Ils sont utilisés pour augmenter le plaisir sexuel et faciliter certaines pratiques sexuelles.

Les effets indésirables immédiats les plus fréquents sont les vertiges, les maux de tête, le bourdonnement d'oreilles, l'augmentation de la pression interne de l'œil, la sensibilité à la lumière et un arrière-goût caractéristique.

À fortes doses, les poppers peuvent entraîner des vertiges violents, des évanouissements, une syncope et une dépression respiratoire.

Une consommation régulière peut se traduire par des éternuements, l'écoulement du nez, l'inflammation des muqueuses nasales, des croûtes jaunâtres autour du nez et des lèvres, des lésions des cloisons nasales, des rougeurs et des gonflements du visage, des distorsions de la perception, des problèmes passagers d'érection et une forme grave d'anémie.

L'association des poppers avec d'autres vasodilatateurs peut conduire à un collapsus cardiovasculaire[*]. En cas de combinaisons avec d'autres psychotropes, les risques de toxicité sont accrus.

POPPERS ET DÉPENDANCE

L'usage régulier des nitrites conduit à une dépendance psychologique[*]. Ils ne produisent pas habituellement de dépendance physique[*] ni de syndrome de sevrage[*] à l'arrêt de la consommation.

QUE PRÉVOIT LA LOI ?

Les poppers sont régis par la *Loi sur les aliments et drogues.*

Protoxyde d'azote

Le protoxyde d'azote, encore appelé *gaz hilarant* ou *oxyde nitreux*, est un gaz liquéfié sous sa propre pression, dans des bouteilles métalliques. Il peut être utilisé comme gaz de pressurisation, aérosol alimentaire ou anesthésique général en chirurgie.

Disponible en épicerie dans les canettes de crème fouettée, certains adolescents aspirent son contenu. On peut également se le procurer sous la forme de petits cylindres destinés aux appareils pour faire de la crème fouettée. Il fait aussi l'objet d'usages détournés dans les soirées et les festivités. Il est inhalé sous forme de ballons, vendus à faible coût. L'usager peut aspirer une ou plusieurs inhalations de protoxyde d'azote.

EFFETS ET DANGERS DU PROTOXYDE D'AZOTE

Le protoxyde d'azote entraîne de l'euphorie•
souvent accompagnée de rires incontrôlables
(d'où le nom de gaz hilarant), des effets
sédatifs, des maux de tête, des modifications
de la conscience, des distorsions visuelles et
auditives, de l'agitation, de l'angoisse, des
nausées, des vomissements et une faiblesse
musculaire.

**Il peut présenter des risques immédiats ou
à long terme pour la santé.**

Risques immédiats
Les effets très rapides et de courte durée peuvent inciter à consommer plusieurs ballons
successivement, exposant l'usager à des
risques d'asphyxie par manque d'oxygène
(surtout si le gaz est pur) ou par aspiration pulmonaire des vomissements. Les risques sont
accrus lorsque le protoxyde d'azote est utilisé
en association avec d'autres produits (alcool,
cannabis, ecstasy, etc.).

Risques à long terme
L'utilisation chronique (utilisation quotidienne,
par exemple) peut entraîner des troubles neurologiques (tremblements, incoordination des
mouvements) liés à une carence en vitamine
B_{12}. Elle peut provoquer des chutes et parfois
des traumatismes.

PROTOXYDE D'AZOTE ET DÉPENDANCE

On n'a pas établi de dépendance physique[*] au protoxyde d'azote. La dépendance psychologique[*] peut se développer à la suite d'un usage régulier. Elle est liée à l'euphorie[*] et aux sensations agréables induites par cet agent.

QUE PRÉVOIT LA LOI ?

Le protoxyde d'azote est régi par la *Loi sur les aliments et drogues*.

Le protoxyde d'azote est un anesthésique général pouvant être utilisé en chirurgie. Il peut aussi être employé comme aérosol alimentaire ou comme gaz de pressurisation.

BRUN OU BLOND, LÉGER OU SUPER
LÉGER, ROULÉ, EN CIGARE OU EN
PIPE, LE TABAC NUIT TELLEMENT À LA
SANTÉ QU'IL CONTRIBUE À PLUS DE
45 000 DÉCÈS PAR AN AU CANADA.

LE TABAC,
QU'EST-CE QUE C'EST ?

Le tabac est une plante cultivée dans le monde entier. Après séchage, les feuilles sont laissées à l'air libre pendant un certain temps afin d'obtenir un goût spécifique.

Le tabac est la deuxième substance psychoactive* la plus consommée dans le monde, après la caféine. La plante de tabac appartient au genre *Nicotiana* et la principale espèce cultivée pour le tabac s'appelle *Nicotiana tabacum.*

Le tabac peut être fumé (sous forme de cigarettes, de cigares ou à l'aide d'une pipe), chiqué* (pris par voie buccale) ou prisé (pris par voie intranasale).

EFFETS ET DANGERS DU TABAC

Plus de 4 000 composés sont formés par la combustion du tabac et la plupart d'entre eux sont dangereux pour la santé. Une vingtaine d'entre eux sont cancérigènes. Les trois produits du tabac les plus susceptibles d'entraîner des effets néfastes pour la santé sont le goudron, la nicotine et le monoxyde de carbone.

LE TABAC EST UNE PLANTE CULTIVÉE DANS LE MONDE ENTIER. APRÈS SÉCHAGE, LES FEUILLES SONT LAISSÉES À L'AIR LIBRE PENDANT UN CERTAIN TEMPS AFIN D'OBTENIR UN GOÛT SPÉCIFIQUE.

LE TABAC

UN PRODUIT LICITE

La production, la vente et l'usage sont réglementés

La teneur de ces produits doit être indiquée sur les paquets de cigarettes, selon les lois gouvernementales du Québec, du Canada et de plusieurs pays. Le danger de ces substances pour la santé croît avec l'usage.

La nicotine du tabac est un *stimulant mineur* du système nerveux central. Tout comme les autres substances psychoactives qui induisent une dépendance, elle accroît la libération de dopamine♦ par certains neurones. La nicotine imite l'action d'un neuromédiateur naturel, l'acétylcholine. Elle se lie aux récepteurs♦ nicotiniques dans le cerveau. La nicotine facilite également la libération des endomorphines, ce qui expliquerait en partie son effet analgésique♦ (contre la douleur).

Les composants toxiques du tabac agissent en particulier sur :

L'incidence d'effets cancérigènes

Au Québec et au Canada, plus de 30 % des décès dus au cancer sont attribuables au tabac. Le cancer du poumon est le cancer le plus meurtrier au Québec et au Canada, autant chez l'homme que chez la femme. Le tabac augmente aussi substantiellement le risque de développer les cancers de la bouche, du pharynx, du larynx, de l'œsophage, de l'estomac, du pancréas, du rein, de la prostate, de l'uretère et de la vessie.

La fonction cardiovasculaire

Le tabac augmente la pression artérielle, accélère le rythme cardiaque et détériore les artères. Les risques coronariens et les décès par infarctus du myocarde sont deux fois plus élevés chez les fumeurs. Ces risques vasculaires touchent aussi les artères du cerveau et des membres inférieurs.

La fonction respiratoire

Les fumeurs s'exposent à des troubles au niveau de tout l'appareil respiratoire, notamment la bronchite chronique, l'emphysème et le risque de cancer du poumon.

La fonction digestive

La nicotine augmente la sécrétion des acides gastriques et accroît les risques d'ulcères de l'estomac et du duodénum.

Le système nerveux

Le tabac limite l'apport d'oxygène au cerveau et aux muscles. Il est responsable de maux de tête, de vertiges et d'une diminution de la résistance à l'exercice.

Le déroulement de la grossesse

Outre une baisse de la fertilité, une mère fumeuse a plus de risques de faire une grossesse extra-utérine ou une fausse couche qu'une mère non fumeuse. Elle a également 1,5 fois plus de risques d'accoucher prématurément.

Le bébé d'une mère fumeuse est plus à risque de présenter un poids inférieur à la naissance, un périmètre crânien réduit, un retard du développement physique et mental, un délai de croissance, des maladies respiratoires et de mourir du syndrome de la mort subite du nouveau-né.

TABAC ET DÉPENDANCE

La dépendance physique• au tabac est présente chez la plupart des fumeurs réguliers. La dépendance psychologique• occupe également une place importante dans leur vie.

Le fumeur régulier privé brutalement de sa consommation ressent une sensation de manque. Il est tendu, nerveux, irritable, angoissé, voire déprimé. Il peut trembler et avoir des sueurs ; il lui est difficile de réprimer l'envie de reprendre une cigarette.

Il est possible de s'arrêter de fumer sans aide particulière. Cependant, on peut trouver auprès d'un médecin ou d'un pharmacien des conseils et des aides pour cesser de fumer.

Les nombreuses méthodes d'aide au sevrage• peuvent être utilisées avec ou sans ordonnance :

- systèmes de remplacement de la nicotine comprenant les timbres transdermiques (*patchs•*) et les gommes à mâcher. Ces méthodes de substitution nicotinique permettent un sevrage progressif de la nicotine et réduisent les effets du manque• chez les fumeurs dépendants ;

- aide psychologique individuelle ou collective, rencontres avec d'anciens fumeurs, relaxation et techniques respiratoires, diététique, homéopathie, acupuncture, hypnose, etc., peuvent être mises à profit.

Dans l'Antiquité, le tabac est utilisé par plusieurs cultures indiennes d'Amérique centrale et du Sud pendant des milliers d'années. Les Mayas fument le tabac sous forme de cigares ou à l'aide de pipes. Les peuples natifs d'Amérique sont vraisemblablement les premiers et les seuls utilisateurs du tabac au moment de la découverte du Nouveau-Monde par les Européens.

Au XVIe siècle, les Européens répandent l'usage du tabac en Amérique du Nord parmi les peuples amérindiens et les Espagnols introduisent le tabac en Europe. En 1560, Jean Nicot, ambassadeur français au Portugal, croit dans les vertus médicinales du tabac. Il envoie des semences à la famille royale de France et fait sa promotion à travers le monde. Du fait de son grand intérêt pour la plante, son nom est donné au genre *Nicotiana* et à la substance *nicotine*.

En 1964, le *U.S. Surgeon General's Report* établit clairement pour la première fois la relation entre la cigarette et diverses maladies, dont le cancer.

En 1997, le gouvernement du Canada adopte la *Loi sur le tabac,* visant à protéger la santé de la population. Cette loi est modifiée en 1998 et interdit alors la commandite d'événements sportifs, culturels ou autres par l'industrie du tabac, après une période de transition de cinq ans. Depuis l'an 2000, les produits du tabac vendus au Québec et au Canada doivent désormais porter une mise en garde couvrant 50 % de la principale surface exposée.

De nos jours, bien que la consommation de tabac ait diminué au Québec et au Canada, le tabagisme demeure la principale cause de maladies et de décès évitables. Le déclin de l'usage du tabac dans les pays industrialisés s'accompagne d'une hausse de sa consommation dans les pays en développement.

LES CHIFFRES DE NOTRE RÉALITÉ

• Au Québec, en 2000, 28 % des personnes âgées de 15 ans et plus fument la cigarette et 29 % des élèves du secondaire ont fumé au cours des 30 jours précédant l'enquête.

• En 2001, selon Statistique Canada, 24,9 % des Québécois et 21,5 % des Canadiens seraient des fumeurs quotidiens.

• Au Québec, en 1998, 33 % des jeunes âgés entre 15 et 19 ans (29 % dans le groupe d'âge de 15-17 ans) fument la cigarette et 25 % (22 % dans le groupe d'âge de 15-17 ans) le font tous les jours.

• Au Québec, en 1998, 17 % des personnes âgées de 15 ans et plus disent s'être initiées au tabac avant l'âge de 13 ans et 45 % entre 13 et 15 ans.

• Au Canada, en 2000, 24 % des personnes âgées de 15 ans et plus fument la cigarette, comparativement à 25 % en 1999. Le nombre de fumeurs âgés de 15 à 19 ans a baissé de 28 % qu'il était en 1999 à 25 % en 2000, alors que chez les jeunes adultes âgés de 20 à 24 ans, il a diminué de 35 % qu'il était en 1999 à 32 % en 2000. **Les taux de tabagisme sont à la baisse au sein de tous les groupes d'âge.**

- Au Canada, en 2000, les taux de prévalence du tabagisme entre les provinces fluctuent entre 20 % en Colombie-Britannique et 30 % en Nouvelle-Écosse, les réductions les plus importantes entre 1999 et 2000 étant observées au Québec, en Alberta et à Terre-Neuve. Pour la première fois depuis 10 ans, le Québec, avec le chiffre de 28 %, n'a pas la proportion la plus élevée de fumeurs au Canada.

- Au Canada, 1,5 million de jeunes de moins de 17 ans sont régulièrement exposés à la fumée secondaire* à la maison.

- Au Canada, plus de 300 non-fumeurs meurent chaque année du cancer du poumon après avoir été exposés toute leur vie à la fumée secondaire.

QUE PRÉVOIT LA LOI ?

Le tabac est un produit licite. La production, la vente et l'usage sont réglementés.

La *Loi sur le tabac* actuellement en vigueur au Canada date de 1997. Elle interdit à quiconque de fournir (vendre ou donner) du tabac à une personne âgée de moins de 18 ans dans un lieu public. Elle régit également les activités de commercialisation des fabricants et des commerçants. Cette loi restreint aussi la promotion publicitaire et contraint l'affichage de certains messages relatifs aux usages et aux dangers de la consommation du tabac.

Elle agit donc sur l'étiquetage, l'emballage et l'affichage des produits du tabac. Le non-respect de ces conditions peut entraîner des amendes de 3 000 $ lors d'une première infraction et de 50 000 $ pour les infractions subséquentes.

Au Québec, c'est la *Loi sur le tabac,* adoptée en 1998 et appliquée depuis le 17 décembre 1999 qui régit l'usage, la vente, la publicité et la promotion du tabac. Les principales dispositions de cette loi interdisent :

- la vente de tabac aux mineurs ;
- l'usage de tabac dans les milieux de travail, les établissements d'enseignement, les commerces et les centres commerciaux, les restaurants, les établissements touristiques, les pharmacies, les terrains et les installations maintenues par un établissement de santé et de services sociaux, par une école primaire ou secondaire, par les centres de la petite enfance ou d'un service de garde… ;
- la commandite associée à la promotion des produits du tabac.

Le contrevenant s'expose à des poursuites pénales devant une cour municipale. Ainsi, quiconque fait usage de tabac dans un endroit interdit est passible d'une amende de 50 $ à 300 $ pour une première infraction et de 100 $ à 600 $ en cas de récidive. Celui qui vend du tabac à un mineur s'expose à une amende de 300 $ à 2 000 $ pour une première infraction et de 400 $ à 6 000 $ en cas de récidive.

UNE VIE EST UNE SOMME D'EXPÉRIENCES. UNE QUÊTE D'ÉMOTIONS ET DE CONNAISSANCES NOUVELLES QUI APPORTENT DES SUCCÈS MAIS AUSSI DES ÉCHECS.

Entre liberté et responsabilité, l'enfant puis l'adolescent apprend progressivement à devenir autonome. Cet apprentissage individuel l'amène, une fois adulte, à connaître ses obligations et à savoir prendre des décisions dans sa vie personnelle, sentimentale, professionnelle et sociale.

Si l'adolescence est une période d'évolution particulièrement importante, les changements ne cessent pas pour autant à l'entrée dans l'âge adulte ! L'équilibre s'ajuste tout au long de la vie, au-delà des épreuves, des succès, des joies, des ruptures et des chagrins.

Si ce chapitre consacre une place importante à l'adolescence, c'est qu'il s'agit d'informer plus particulièrement les adultes, de leur donner les informations nécessaires pour aider les plus jeunes à vivre expériences et découvertes sans courir des risques inutiles.

Adolescence et expériences

Première cigarette, première ivresse, premier amour, première relation sexuelle : l'adolescence est le temps des expériences.

Ces essais passent souvent par des excès. Qu'elles soient *bruyantes* (attitudes provocatrices) ou *silencieuses* (repli sur soi), ces manifestations ne signifient pas a priori que l'adolescent est en difficulté.

Cette période de recherche et d'hésitations, quête d'autonomie ou maintien du lien de dépendance vis-à-vis des parents, est souvent compliquée à vivre pour l'adolescent et son entourage. Il s'agit pour les adultes, les parents en particulier, de maintenir et d'affirmer les valeurs qui leur semblent importantes pour l'éducation de leurs enfants.

Tout en dosant leurs interventions et l'affirmation de leur autorité, il est indispensable pour les adultes de marquer les limites et de **mettre en garde un adolescent contre les dangers qu'il peut encourir.** Il est par ailleurs **tout aussi nécessaire de le valoriser, de l'encourager** et de favoriser ses contacts avec l'extérieur.

Aider un adolescent à trouver ses forces personnelles est aussi essentiel pour lui que de connaître les limites posées, particulièrement s'il manifeste une attitude de repli, s'il éprouve un besoin important de confiance et manque d'estime de lui-même.

LE RÔLE DE L'ENTOURAGE

Chaque personne établit une relation unique à l'autre et au monde, développe des stratégies personnelles pour éprouver du plaisir ou pour ne pas souffrir.

La consommation des substances psychoactives fait partie de ces stratégies. Aucune recette existe donc pour éviter qu'un individu, et en particulier une personne jeune ne fasse usage de psychotropes.

L'adolescence est l'âge de tous les possibles, des expériences et des rencontres.

Ce qui peut être vécu dans un moment particulier peut ne pas prendre un caractère définitif, et rien ne sert de dramatiser un essai ou une erreur.

Dans une période de crise, il s'agira pour l'adulte de trouver le bon moment pour se faire entendre et pour adopter l'attitude la plus appropriée. S'il n'y parvient pas, il peut rechercher l'appui de personnes compétentes.

QUELLES QUESTIONS SE POSER FACE À L'USAGE D'UNE SUBSTANCE PSYCHOACTIVE* :

- Quels sont les produits consommés ?
- La consommation est-elle rare, fréquente ou régulière ?
- Quelle est la quantité consommée ?
- Dans quelles circonstances consomme cette personne, seule ou en groupe ?
- Y a-t-il des conséquences néfastes ou des dommages causés à soi-même et à autrui ?
- Quelle importance le consommateur reconnaît-il à cet usage ?
  - Pour s'amuser de temps en temps ?
  - Pour faire comme les autres ?
  - Parce qu'il l'estime indispensable à son bien-être ?

S'interroger, parler en toute confiance d'une consommation, quelle qu'elle soit, est nécessaire.

La plupart des consommations resteront sans conséquences graves si le dialogue est instauré.

Malgré tout, dans certaines situations, il y a lieu de se faire aider. L'accepter, c'est souvent trouver des solutions à des situations jugées insupportables.

Chercher conseil et assistance ne doit pas être perçu comme une marque de faiblesse ou une trahison.

DONNER DES REPÈRES

Retarder le plus possible l'expérimentation du tabac et de l'alcool peut atténuer le risque d'un comportement d'abus ou d'une dépendance ultérieure.

Refuser ou fuir les conflits ne résout pas les problèmes. Dire *non* à un jeune enfant qui s'apprête à faire quelque chose de dangereux ou d'interdit, dire *non* à un adolescent sans avoir peur d'exercer son autorité, sont des attitudes éducatives tout aussi essentielles pour lui que celles qui consistent à l'ouvrir à des connaissances nouvelles.

Des études confirment la place éducative de l'interdit dans les comportements de consommation des plus jeunes. Inciter l'adolescent à retarder le plus possible l'expérimentation du tabac et de l'alcool peut atténuer le risque d'un comportement d'abus• ou d'une dépendance ultérieure.

Par ailleurs, des enquêtes récentes réalisées auprès de jeunes confirment le rôle positif joué par le dialogue parents-adolescents dans le comportement tabagique des jeunes. Les adolescents qui déclarent avoir une communication facile avec leurs parents sont moins nombreux à fumer que ceux qui affirment qu'il est difficile de parler avec leurs parents de choses qui les préoccupent vraiment.

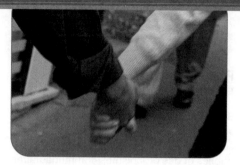

Ne pas préjuger d'une consommation

Tout comme un verre de vin ne fait pas l'alcoolique, un adolescent qui fume occasionnellement du cannabis n'est pas un toxicomane•!

Cette consommation ne l'entraînera pas forcément dans l'escalade vers des produits de plus en plus dangereux. Les proches peuvent aider à cette prise de conscience en donnant des informations de base claires, précises et exactes destinées à aider l'adolescent à évaluer ses vulnérabilités et ses points forts. Face à une offre de produits et à l'influence de la consommation de l'entourage, il est alors plus facile de faire des choix responsables.

Un adolescent qui fume occasionnellement du cannabis n'est pas un toxicomane.

Les consommations abusives et les dépendances font partie, le plus souvent, d'un ensemble de comportements à risques ou de symptômes• qui sont l'expression de difficultés passagères ou parfois plus profondes et de souffrances, qui doivent être examinées et résolues au cas par cas.

PROMOUVOIR LA SANTÉ ET PRÉVENIR

Sous l'égide des Régies régionales de la santé et des services sociaux, des activités sont conduites par des établissements publics et des organismes communautaires auprès des jeunes et des parents. Le plus souvent, elles sont élaborées en concertation avec plusieurs partenaires gouvernementaux concernés. Ces actions visant la prévention de la consommation inappropriée de produits psychotropes se déroulent habituellement :

En milieu scolaire

Des ententes entre le ministère de la Santé et des Services sociaux et le ministère de l'Éducation permettent de mettre en place des stratégies d'intervention globales touchant la promotion de la santé et la prévention de l'ensemble des problèmes qui peuvent affecter les enfants, les adolescents et les adultes en milieu scolaire.

- Au cours élémentaire

  Des activités de promotion de la santé sont menées afin de susciter chez les élèves une prise de conscience de l'importance de conserver une bonne santé et les informer sur les moyens à mettre en œuvre pour y parvenir.

- Au cours secondaire

  Des programmes sensibilisent les élèves aux situations à risque en regard de la consommation de produits psychotropes et aux moyens à prendre pour faire des choix éclairés. De plus, des éducateurs en prévention des toxicomanies (EPT) soutiennent le personnel scolaire et les enseignants dans leurs démarches d'information et d'intervention précoce auprès des jeunes.

• **À la formation des adultes**
Des cours en prévention de la toxicomanie sont offerts à des personnes qui ont déjà leur diplôme d'études secondaires et qui souhaitent se responsabiliser davantage en tant que citoyens ou parents.

Dans le cadre d'activités des maisons de jeunes
Des forums, discussions, activités dirigées et rencontres avec des personnes ressources sont organisés afin de stimuler et soutenir la réflexion des jeunes au regard de la consommation et des activités alternatives qui s'offrent à eux.

Dans le milieu (travail de proximité, incluant le travail de rue et de milieu)

Les travailleurs de milieu accompagnent et soutiennent des jeunes ainsi que des jeunes adultes vivant des problèmes d'adaptation, de désorganisation passagère ou d'autres types de difficultés.

Les travailleurs de rue accompagnent et soutiennent, sans limite d'âge, les personnes en situation d'exclusion ou de rupture (comme les jeunes de la rue) afin de leur apporter l'aide requise et de les sensibiliser aux comportements sécuritaires, notamment en matière de consommation de drogues et de sexualité. Ces travailleurs rejoignent leur clientèle là où elle se trouve, c'est-à-dire dans la rue, les parcs, les arcades, les bars, les centres commerciaux, les pîqueries et autres lieux qu'elle fréquente.

Dans les CLSC

Des groupes d'information et de soutien s'adressant aux parents préoccupés par la consommation, réelle ou appréhendée, de leurs enfants sont disponibles dans la majorité des régions du Québec.

Lors de la semaine nationale de prévention des toxicomanies (troisième semaine de novembre)

Des activités de promotion, de sensibilisation et de communication sont mises sur pied afin de responsabiliser les jeunes et de les rassembler autour de thèmes relatifs à la prévention de la consommation inappropriée de substances psychotropes.

Au cours de cette semaine, certaines activités s'adressent de façon spécifique aux parents, mettant l'accent sur l'importance de la communication avec les adolescents et proposant des exercices pour développer les habiletés requises pour y parvenir.

Dans les milieux de travail

Des activités de prévention ont aussi lieu dans les milieux de travail. Ces activités sont habituellement organisées par les programmes d'aide aux employé(e)s (PAE) ou la direction des ressources humaines.

OÙ S'INFORMER ET SE DOCUMENTER ?

Centre québécois de documentation
en toxicomanie
950, rue de Louvain Est, Montréal
(Québec) H2M 2E8
Téléphone : (514) 385-3490
www.centredollardcormier.qc.ca/qdt.htm
Courriel : cqdt.cdc@ssss.gouv.qc.ca

Pour trouver d'autres adresses utiles :

www.toxquebec.com
www.cplt.com

SITE WEB

TÉLÉPHONE

Par téléphone, 7 jours sur 7,
24 heures sur 24 :

Drogues : Aide et référence
Montréal : (514) 527-2626
Autres régions : 1 800 265-2626

L'appel est anonyme et gratuit et ce, pour
l'ensemble du territoire québécois. Ouvert à
tous, ce service tétéphonique peut répondre
aux demandes d'information et orienter les
démarches de toute personne aux prises
avec des problèmes reliés à l'alcool ou aux
autres drogues.

POUR EN PARLER, SE FAIRE AIDER, TROUVER DES SERVICES SPÉCIALISÉS

CLSC

Un premier contact avec un CLSC peut aider à trouver des services adéquats, surtout si la consommation est associée à certaines difficultés, mais ne présente pas encore la gravité de la dépendance. Le CLSC peut aussi, après consultation, référer à des centres spécialisés si la situation l'exige.

CENTRES HOSPITALIERS

Un bon nombre de centres hospitaliers offrent des services d'urgence en cas de crise aiguë et des services de désintoxication. Pour en savoir plus, consultez le centre hospitalier de votre région.

CENTRES DE RÉADAPTATION POUR PERSONNES ALCOOLIQUES ET AUTRES TOXICOMANES (CRPAT)

Si la situation exige une intervention spécialisée, les CRPAT sont des établissements du réseau de services du ministère de la Santé et des Services sociaux. Ils accueillent la personne toxicomane qui désire reprendre progressivement du pouvoir sur sa vie et reconstruire un meilleur équilibre physique, psychologique et social.

La plupart de ces centres privilégient une démarche à l'externe, en continuité avec les autres services publics et communautaires. Des services résidentiels sont aussi disponibles pour les personnes dont la condition nécessite un retrait de leur milieu.

Une quinzaine d'établissements publics offrent les services suivants :

- urgence
- accueil, évaluation, orientation
- désintoxication
- psychothérapie individuelle ou de groupe
- intégration sociale
- services à l'entourage
- services à la communauté

Ces services sont offerts gratuitement dans toutes les régions du Québec. Vous pouvez obtenir des renseignements additionnels sur le site Internet de la Fédération québécoise des centres de réadaptation pour personnes alcooliques et toxicomanes (FQRCPAT) à l'adresse suivante : www.fqcrpat.qc.ca

RESSOURCES PRIVÉES ET COMMUNAUTAIRES

Il existe, dans chaque région du Québec, plusieurs ressources privées et communautaires. La gamme et la qualité des services offerts varient grandement d'une ressource à une autre et d'une région à l'autre. Vous pouvez obtenir des renseignements sur ces ressources accréditées en contactant la Régie régionale de votre région ou en visitant le site du ministère de la Santé et des Services sociaux à l'adresse Internet suivante : www.msss.gouv.qc.ca/f/sujets/allcotoxico.htm

GROUPES D'ENTRAIDE

Au Québec, il existe de nombreux groupes d'entraide, répartis sur l'ensemble du territoire. Ces mouvements offrent de l'aide gratuite au téléphone et des rencontres hebdomadaires de groupe. Leur objectif est d'aider les personnes qui souffrent de problèmes liés à l'alcool (Alcooliques anonymes), aux drogues (Narcotiques anonymes, Cocaïnomanes anonymes) ou aux médicaments (Pharmaco-dépendants anonymes) à trouver une solution à leurs difficultés. Des groupes (Alanon, Naranon...) offrent aussi de l'aide pour la famille et l'entourage.

Leurs coordonnées se retrouvent dans les annuaires téléphoniques de chaque région du Québec ou peuvent être fournies par la ligne téléphonique : Drogues : Aide et référence (p. 188).

PARLER, TROUVER DES SOLUTIONS

7 JOURS SUR 7
24 HEURES SUR 24
Appels anonymes et gratuits

POUR LES JEUNES

- **DROGUE : AIDE ET RÉFÉRENCE**
  Montréal : (514) 527-2626
  Autres régions : 1 800 265-2626

- **TEL-JEUNES**
  Montréal : (514) 288-2266
  Autres régions : 1 800 263-2266

- **J'ARRÊTE (TABAC)**
  1 888 853-6666
  www.jarrete.qc.ca

POUR LES PARENTS

- **PARENTRAIDE**
  Montréal : (514) 288-5555
  Autres régions : 1 800 361-5085

- **CENTRE ANTI-POISON DU QUÉBEC**
  1 800 463-5060

- www.toxquebec.com
- **DROGUES : AIDE ET RÉFÉRENCE**
  1 800 265-2626

Pour en savoir plus

www.aitq.com
L'Association des intervenants en toxicomanie du Québec

www.ccsa.ca/cclat.htm
Centre canadien de lutte à l'alcoolisme et à la toxicomanie

www.camh.net/francais
Centre de toxicomanie et de santé mentale

www.centredollardcormier.qc.ca
Centre Dollard Cormier

www.educalcool.qc.ca
Éduc'alcool

www.cam.org/fobast
Fédération des organismes communautaires et bénévoles d'aide et de soutien aux toxicomanes du Québec

www.grcquebecrcmp.com/pages/con_p_v_f/pag_vert_f.html
Gendarmerie royale du Canada au Québec

www.risq-cirasst.umontreal.ca
Recherche et Intervention sur les Substances psychoactives-Québec
Collectif en Intervention et Recherche sur les Aspects SocioSanitaires de la Toxicomanie

LES LOIS

Les drogues illicites sont couramment appelées stupéfiants[*] et font l'objet d'interdiction au regard des conventions internationales. En mai 1997, la *Loi sur les stupéfiants* ainsi que les parties III et IV de la *Loi sur les aliments et drogues* ont été abrogées et remplacées par la *Loi réglementant certaines drogues et autres substances.* Cette nouvelle loi comporte huit annexes dont les trois premières contiennent la majorité des drogues illicites (voir Tableau 1).

La *Loi réglementant certaines drogues et autres substances* prévoit plusieurs infractions et peines, notamment la possession illégale, le trafic ou possession en vue de trafic, la production, l'importation et l'exportation. Le Code criminel comporte aussi des clauses reliées à la drogue. En effet, quiconque, sciemment, importe, exporte, fabrique, fait connaître ou vend des accessoires destinés à l'utilisation de drogues illicites (art. 462.2) ou recycle des produits de la criminalité (art. 462.31) commet une infraction et est assujetti à une peine.

S'il n'existe pas une loi proprement dite sur l'*injonction thérapeutique,* de nombreuses mesures législatives (ordonnance de la Cour, ordonnance de probation, conditions de libération conditionnelle, etc.) permettent d'inciter ou de contraindre les délinquants à suivre un traitement relié à leur consommation de drogues.

Les drogues licites sont assujetties à la réglementation prévue par la loi. Dans cette législation, on retrouve principalement la *Loi sur les aliments et drogues, la Loi réglementant certaines drogues et autres substances* et la *Loi sur le tabac.*

Les médicaments sont eux aussi régis par la *Loi sur les aliments et drogues* et la *Loi réglementant certaines drogues et autres substances.* La mise en marché doit être précédée d'une évaluation positive des résultats des essais cliniques, pharmacologiques et toxicologiques. Les normes de production, d'importation, d'exportation, d'obtention et de vente sont très strictes et passibles de sanctions lorsqu'elles sont dérogées.

La prescription et la distribution des médicaments par les professionnels de la santé font aussi l'objet d'une réglementation stricte. Des critères précis (par exemple, l'évaluation clinique et diagnostique constante) régissent la délivrance ou le renouvellement des ordonnances médicales. Certains médicaments sont inclus dans les annexes IV et V de la *Loi réglementant certaines drogues et autres substances* à cause de leurs propriétés psychotropes.

Tableau 1. *Loi réglementant certaines drogues et autres substances*

ANNEXE I	ANNEXE II
Cocaïne ; Opiacés : héroïne, codéine, morphine, méthadone, opium, etc. PCP.	Haschich (+ de 1 g) ; Marijuana (+ de 30 g).
ANNEXE III	**ANNEXE IV**
Amphétamines (incluant ecstasy) ; Cathinone ; GHB ; LSD ; Mescaline ; Nexus ; Psilocybine ; Rohypnol®.	Benzodiazépines ; Barbituriques ; Stéroïdes anabolisants.
ANNEXE V	**ANNEXE VI**
Phénylpropanolamine.	Éphédrine ; Pseudoéphédrine ; Ergotamine ; Acide lysergique.
ANNEXE VII	**ANNEXE VIII**
Haschich (jusqu'à 3 kg) ; Marijuana (jusqu'à 3 kg).	Haschich (jusqu'à 1 g) ; Marijuana (jusqu'à 30 g).

N.B. Seuls sont inclus les principaux produits inclus dans chacune des annexes de cette loi. Les substances ne faisant pas l'objet d'une revue dans ce livre ne sont pas mentionnées dans le tableau.

LEXIQUE

ABUS

Terme vague répondant à plus d'une définition. Sa signification diffère d'une société à l'autre. Cette notion est grandement influencée, entre autres, par des aspects culturels, religieux, éthiques, légaux et médicaux. Selon Jaffe (1980) « l'abus réfère à l'usage de toute drogue, habituellement par auto-administration, d'une manière telle qu'il se dévie de normes médicales ou sociales approuvées à l'intérieur d'une culture donnée ».

ACCOUTUMANCE (de l'anglais *addiction*)

Terme général englobant les phénomènes de tolérance et de pharmaco-codépendance.

ADJUVANT

Produit que l'on ajoute à un autre pour en améliorer les caractéristiques. Traitement d'importance secondaire, ajouté à un traitement principal pour renforcer son action ou diminuer ses effets indésirables.

AMBULATOIRE, traitement

Traitement effectué en dehors des structures d'hospitalisation ou d'hébergement.

ANALGÉSIQUE

Qui atténue ou supprime la sensibilité à la douleur.

ANESTHÉSIQUE

Se dit des substances qui provoquent l'anesthésie, une privation plus ou moins complète de la sensibilité générale ou de la sensibilité d'un territoire en particulier.

ANOREXIGÈNE

Qui supprime la sensation de faim. Produit qui réduit l'appétit.

ANXIOLYTIQUE

Qui diminue ou supprime l'état d'anxiété.

BAD TRIP « Mauvais voyage »

Épisode particulièrement désagréable pouvant survenir lors de la prise de certaines substances. Il peut se caractériser par un état de malaise général, l'anxiété, l'instabilité de l'humeur, la panique et un état paranoïde.

BENZODIAZÉPINES

Classe de tranquillisants mineurs principalement utilisés comme anxioly-tiques, sédatifs et hypnotiques.

BESOIN INTENSE (en anglais, *craving*)

Obsession contraignante qui envahit et dérange les pensées du consom-mateur, affecte son humeur et altère son comportement. Cette obsession a aussi été décrite comme un désir urgent et accablant ou une impulsion irrésistible à prendre le médicament ou drogue.

CHIQUER

Mâcher (du tabac, une substance psychoactive).

CIRCUITS DE RÉCOMPENSE

Centres localisés dans plusieurs régions du cerveau et participant à la modulation du plaisir. L'existence de ces centres, identifiés à travers des expériences d'autostimulation intracrânienne, démontre que la sensation de bien-être associée à la satisfaction des besoins a des racines neurologiques.

COLLAPSUS CARDIOVASCULAIRE

Effondrement rapide de la fonction cardiovasculaire (rythme cardiaque, pression artérielle, ...).

DÉCRIMINALISATION

Opération consistant à retirer un comportement de la compétence du système de justice criminelle.

DÉLIRE PARANOÏDE

Crise pendant laquelle un individu est le sujet de délires qui s'apparentent à la paranoïa.

DÉPENDANCE PHYSIQUE

État résultant de l'usage répété et excessif d'un médicament ou drogue au cours duquel l'organisme s'est adapté physiologiquement à la présence continue du médicament ou drogue à une certaine concentration.

DÉPENDANCE PSYCHOLOGIQUE OU PSYCHIQUE

État impliquant que l'arrêt ou la réduction abrupte de la dose d'un médicament ou drogue produit des symptômes psychologiques caractérisés par une préoccupation émotionnelle et mentale reliée aux effets du médicament ou de la drogue et par un besoin intense et persistant à reprendre le médicament ou la drogue.

DÉSINTOXICATION

Processus de traitement utilisé pour éliminer une substance psychoactive chez un individu dépendant, soit par le retrait graduel du produit, soit par le traitement pharmacologique de substitution spécifique pour minimiser et contrôler les signes de sevrage afin d'éviter les risques de complications associées pouvant apparaître à l'arrêt brusque du produit.

DOPAMINE

Neuromédiateur impliqué, entre autres, dans les mécanismes de perception du plaisir, de la motricité et de l'agressivité.

DROGUE

Dans ce livre, le mot drogue désigne toute substance qui modifie le fonctionnement mental (psychotrope) et dont l'usage peut conduire à l'abus ou à la dépendance.

EFFETS CENTRAUX
Effets qui s'exercent sur le système nerveux central, constitué par le cerveau et la moelle épinière.

EFFETS PÉRIPHÉRIQUES
Effets qui s'exercent sur le système nerveux périphérique constitué par le système nerveux autonome (systèmes sympathique et parasympathique) et le système nerveux somatique (muscles).

ÉTAT SECOND
État anormal caractérisé par le fait que l'on cesse d'avoir la pleine conscience de ses actes.

EUPHORIE
Sensation de bien-être et de satisfaction.

EUPHORISANT
Qui provoque l'euphorie.

FUMÉE SECONDAIRE
Fumée résultant d'une inhalation passive (exemple : tabac inhalé par un non-fumeur situé à proximité du fumeur).

GÉNÉRIQUE, nom
Nom chimique ou dénomination commune d'un médicament ou drogue.

HENNÉ
Extrait d'une plante cultivée surtout en Afrique du Nord et au Moyen-Orient servant à teindre les cheveux, la pomme des mains et la plante des pieds.

HYPNOTIQUE
Substance produisant la somnolence et facilitant l'instauration et le maintien d'un état de sommeil ressemblant au sommeil naturel et à partir duquel un individu peut être facilement réveillé.

ILLICITE
Interdit par la loi.

INTOLÉRANCE
État d'hypersensibilité de l'organisme se traduisant par une réponse anormalement élevée du médicament ou drogue et par le fait de ne pas tolérer des doses qui habituellement ne sont pas toxiques.

INTOXICATION
Perturbations qu'exerce une substance toxique sur l'organisme et ensemble des troubles qui en résultent.

KIT DE PRÉVENTION

Trousse de prévention destinée aux usagers de drogues qui pratiquent l'injection intraveineuse.

LÉGALISATION

C'est l'autorisation de distribution d'un produit jusque-là interdit.

LÉTHARGIE

État de torpeur et de nonchalance extrême, pouvant parfois être accompagné d'un sommeil profond et prolongé.

LICITE

Permis par la loi.

MALADIE AFFECTIVE BIPOLAIRE

Terme médical actuellement employé pour décrire la psychose maniaco-dépressive. Celle-ci se traduit par des accès de surexcitation (manie) alternant avec des périodes de mélancolie (dépression).

MANQUE

Terme employé pour décrire habituellement la sensation qu'entraîne le manque d'une substance psychoactive. Le manque est une expression populaire désignant le syndrome de sevrage, encore appelé syndrome d'abstinence, de privation ou de retrait.

MÉDICAMENT

Dans ce livre, le mot médicament est appliqué à toute substance utilisée à des fins curatives, préventives ou bénéfiques.

NARCOTIQUE

Substance provoquant la narcose, c'est-à-dire un état de torpeur ou un sommeil artificiel.

**NEUROMÉDIATEURS OU NEUROTRANSMETTEURS
OU MÉDIATEURS CHIMIQUES**

Substances chimiques qui assurent la continuité de l'influx nerveux au travers des synapses. Les principaux neuromédiateurs sont la dopamine, la sérotonine, l'acétylcholine, l'adrénaline, la noradrénaline et l'acide gamma-aminobutyrique (GABA).

OPIACÉ

Toute substance contenant de l'opium ou exerçant une action comparable à celle de l'opium.

OVERDOSE

Voir surdosage.

PARTY RAVE

Une soirée rave est organisée autour de la musique techno. Les participants ou *ravers* apprécient qu'elle ait lieu dans des endroits insolites (rase campagne, bâtiments désaffectés, etc.).

PATCH

Voir timbre transdermique.

PHARMACODÉPENDANCE OU DÉPENDANCE

Ensemble des phénomènes physiques et psychologiques qui rendent, après un certain temps d'utilisation variable, certains médicaments ou drogues indispensables à l'équilibre physiologique du consommateur.

POLYCONSOMMATION

Comportement d'usage qui associe la consommation de plusieurs substances psychoactives. Voir aussi polyintoxication.

POLYTOXICOMANE

Toxicomane consommant plusieurs substances susceptibles d'engendrer la toxicomanie.

POSOLOGIE

Ensemble des indications sur les modalités de prise d'un médicament (doses, fréquence, etc.).

POTENTIALISATION

Interaction entre deux substances se traduisant par le fait que l'effet total dû à leur association est supérieur à la somme des effets de chaque substance prise séparément. Ce phénomène est aussi appelé synergie renforçatrice.

POTENTIALISE

Qui induit la potentialisation.

PRÉCURSEUR CHIMIQUE

Substance dont dérivent une ou plusieurs autres substances par transformation chimique.

PRISE

Quantité de substance consommée en une seule fois.

PSYCHOSE MANIACO-DÉPRESSIVE

Voir maladie affective bipolaire.

PSYCHOTROPE

Substance qui agit sur le psychisme d'un individu en modifiant son fonctionnement mental. Elle peut entraîner des changements dans les perceptions, l'humeur, la conscience, le comportement et diverses fonctions psychologiques.

RÉCEPTEUR

Macromolécule à laquelle se lie un médicament ou un médiateur chimique. La liaison au récepteur conduit à une chaîne de réactions qui aboutissent ultimement à l'effet pharmacologique.

RUSH

Sensation orgasmique éprouvée au moment de l'injection de drogues telles que l'héroïne, la cocaïne ou les amphétamines.

SCHIZOPHRÉNIE

Maladie caractérisée par des troubles de la perception et de la pensée, une modification de l'humeur, un comportement bizarre et une perturbation de l'activité motrice.

SÉDATIF

Produit destiné à calmer et à apaiser un état d'agitation ou de nervosité.

SEVRAGE

C'est l'arrêt de la prise de substance psychoactive de manière brutale ou progressive.

STUPÉFIANT

Toute substance dont l'action sédative, analgésique, narcotique ou euphorisante provoque à la longue la tolérance et la dépendance. Cette définition a un caractère plus juridique que scientifique, puisque la classe des stupéfiants comprend non seulement les opiacés, mais aussi la cocaïne, les hallucinogènes et le cannabis. Elle exclut cependant les sédatifs-hypnotiques et les stimulants autres que la cocaïne.

STRESS POST TRAUMATIQUE

Ensemble de perturbations biologiques et psychiques faisant suite à un traumatisme.

SUBSTANCE PSYCHOACTIVE

Substance qui agit sur le psychisme d'un individu en modifiant son fonctionnement mental.

SUBSTITUTION, traitement de

Un traitement de substitution consiste à administrer une substance ayant des effets comparables à la substance dont le sujet est dépendant, mais qui présente un profil pharmacologique plus avantageux.

SURDOSAGE

Intoxication sévère ou mortelle où l'usager a consommé une dose trop forte par rapport à celle que son organisme a l'habitude de supporter.

SURDOSE

Voir surdosage.

SYMPTÔMES

Ensemble des manifestations ressenties par une personne souffrant d'une maladie ou réagissant à la prise ou au retrait d'un médicament ou drogue.

SYNAPSE

Zone de communication entre deux neurones ou entre un neurone et une autre cellule.

TESTOSTÉRONE

Hormone mâle sécrétée par les testicules qui stimule le développement des organes génitaux mâles et détermine l'apparition des caractères sexuels mâles secondaires.

TÉTANIE

État d'hyperexcitabilité neuromusculaire anormalement élevée se traduisant par des contractures et des spasmes musculaires.

TIMBRE TRANSDERMIQUE

Timbre autocollant que l'on pose sur la peau afin qu'il dispense un médicament.

TOLÉRANCE

État d'hyposensibilité de l'organisme se traduisant par une diminution de la réponse du médicament ou drogue et par la capacité de supporter, sans manifester de symptômes d'intoxication des doses élevées qui habituellement seraient toxiques pour le néophyte. Elle se manifeste donc par une diminution de l'efficacité et de la toxicité du médicament ou drogue.

TOXICITÉ

Propriété d'une substance à causer des effets nuisibles d'intensité variable pouvant aller jusqu'à la mort. On distingue la toxicité aiguë et la toxicité chronique. La toxicité aiguë résulte de l'action ponctuelle d'une substance alors que la toxicité chronique est une des conséquences de l'administration régulière de cette substance.

TOXICOMANE

Personne atteinte de toxicomanie. Individu qui prend de façon régulière et excessive une ou plusieurs substances toxiques susceptibles(s) d'engendrer un état de dépendance physique ou psychologique.

TOXICOMANIE

État d'intoxication engendré par la prise répétée d'une ou plusieurs substances toxiques et créant un état de dépendance physique ou psychologique vis-à-vis des substances consommées.

TOXICOLOGIE

Étude des poisons, leurs identifications et leurs effets. Étant donné que tous les médicaments ou drogues à une certaine dose peuvent être des poisons, la toxicologie réfère également à l'étude de la toxicité des médicaments.

TRIP

Sensations ressenties lors de la prise d'une substance (ex. : sensation d'extase ressentie lors d'un « voyage » au LSD).

TROUBLE PARANOÏDE

Trouble mental caractérisé par des jugements faux guidés moins par la logique que par l'orgueil, la méfiance, la psychorigidité, la susceptibilité exagérée et l'inadaptation sociale. Sur ce fond apparaissent parfois des délires de persécution, de revendication, de mysticisme et de jalousie qui peuvent conduire à l'agressivité.

USAGE RÉCRÉATIF

Usage d'une substance seulement lorsqu'il est socialement acceptable de le faire et qu'elle est facilement disponible. La personne ne recherche pas et ne crée pas des situations propices à la consommation.

VASODILATATEUR

Qui dilate un vaisseau sanguin, augmentant de ce fait son calibre par relâchement de ses fibres musculaires.

Sources bibliographiques

Édition française

Ecstasy – Des données biologiques et cliniques aux contextes d'usage
Expertise collective INSERM. Paris, 1998.

La drogue, où en sommes-nous ?
Bilan des connaissances en France en matière de drogues et de toxicomanies
FRYDMAN, Nathalie et Hélène MARTINEAU. Paris, La documentation française, 1998.

Baromètre santé jeunes 1997-1998
JANVRIN, Marie-Pierre et François BAUDIER. Sous la direction de Jacques ARENES, Vanves, CFES, 1998.

Dopage et société
LAURE, Patrick. Paris, Ellipses, 2000.

Drogues : s'informer, prévenir, agir
Ministère de la Jeunesse et des Sports. Paris, CFES, SNDT et MILDT, 1998.

Plan triennal de lutte contre la drogue et de prévention
des dépendances – 1999-2000-2001
Mission interministérielle de lutte contre la drogue et la toxicomanie. Paris, La documentation française, 2000.

Pour une prévention de l'usage des substances psychoactives. Usage, usage nocif, dépendance
PARQUET, Philippe-Jean. Vanves, CFES, 1998.

Pour une politique de prévention en matière de comportements de consommation de substances psychoactives
PARQUET, Philippe-Jean. Vanves, CFES, 1997.

Les personnes en difficulté avec l'alcool – usage, usage nocif et dépendances : propositions
REYNAUD, Michel et Philippe-Jean PARQUET. Vanves, CFES, 1998.

Les pratiques addictives – Usage, usage nocif et dépendance aux substances psychoactives
REYNAUD, Michel Philippe-Jean PARQUET et Gilbert LAGRUE. Paris, Odile Jacob, 2000.

La souffrance de l'homme
REYNAUD, Michel et Jacques-Antoine MALAREWICZ. Paris, Albin Michel, 1996.

Dictionnaire des drogues, des toxicomanies et des dépendances
RICHARD, Denis et Jean-Louis SENON. Paris, Larousse, 1999.

La dangerosité des drogues – Rapport au secrétariat d'État à la santé
ROQUES, Bernard. Paris, Odile Jacob, 1999.

Drogues et toxicomanies – Indicateurs et tendances
Observatoire français des drogues et des toxicomanies. Paris, OFDT, 1999.

Drogues, dépendance et dopamine
TASSIN, Jean-Paul. La recherche, n. 306, février 1998.

ÉDITION QUÉBÉCOISE

Le réseau SurvUDI : Trois années de surveillance du virus de
l'immunodéficience humaine chez les utilisateurs de drogues par
injection
ALARY, M., C. HANKINS, R. PARENT et autres. Beauport, Régie régionale
de la santé et des services sociaux de Québec, Centre de santé publique de
Québec, 1998.

Compendium des produits et spécialités pharmaceutiques
Association des pharmaciens du Canada. Ottawa, A.P.C., 2003.

L'alcool : aspects scientifiques et juridiques
BEN AMAR, Mohamed, Richard MASSON et Sylvain ROY. Montréal, Éditions
B.M.R., 1992.

Drugs and drug abuse
BRANDS, B., B. SPROULE et J. MARSHMAN. Toronto, Addiction Research
Foundation, 1998.

Profil canadien - L'alcool, le tabac et les autres drogues
Centre canadien de lutte contre l'alcoolisme et la toxicomanie et Centre de
toxicomanie et de santé mentale. Toronto et Ottawa, CCLAT et CCSA, 1999.

La toxicomanie à Montréal-Centre. Faits et méfaits.
CHEVALIER, S. et I. LAURIN – Montréal, Régie régionale de la santé et des
services sociaux, Direction de la Santé publique et Direction de la
programmation et coordination, 1999.

Altered states : the clinical effects of Ecstasy.
COLE, J.C. et H.R. SUMNALL. Pharmacol Ther. 98 : 35-58, 2003a.

Le point sur la situation de la toxicomanie
Comité permanent de lutte à la toxicomanie. Montréal, CPLT, 2000.

Code Criminel Annoté 2002
COURNOYER, G. et G. OUIMET. Montréal, Éditions Yvon Blais, 2002.

Les pratiques policières et judiciaires dans les affaires de possession de cannabis et autres drogues, de 1995 à 1998 - Portrait statistique.
DION, G.A. Montréal, Comité permanent de lutte à la toxicomanie, 1999.

Commission d'enquête sur le recours aux drogues et aux pratiques interdites pour améliorer la performance athlétique
DUBIN, Charles L. Ottawa, Ministère des Approvisionnements et Services Canada, 1990.

Alcohol analysis: clinical laboratory aspects. Part I
DUBOWSKI, K.M. Laboratory Management, 1982.

Cannabis — Quels effets sur le comportement et la santé ?
Expertise collective, Institut national de la santé et de la recherche médicale. Paris, Les éditions Inserm, 2001.

Clinical textbook of addictive disorders
FRANCES, R.J. et S.I. MILLER. New York, The Guilford Press, 1998.

Designers Drugs and Raves
Gendarmerie royale du Canada. Vancouver, « E » Division Drug Enforcement Branch, 2000.

La Gendarmerie royale du Canada au Québec, Service de sensibilisation aux drogues
(http://www.grcquebecrcmp.com/pages/con_p_v_f/pag_vert_f.html), 2001.

Enquête sur les campus canadiens
GLIKSMAN, L., et autres. Toronto, Centre de toxicomanie et de santé mentale, 2000.

The human mind explained
GREENFIELD, S.A. New York, Marshall Editions, 1996.

Ecstasy and Drug Consumption Patterns: A Canadian Rave Population Study
GROSS, S. et autres. The Canadian Journal of Psychiatry, Vol. 47, n. 6, Août 2002.

Goodman & Gilman's. The pharmacological basis of therapeutics.
HARDMAN, J.G., L.E. LIMBIRD et A. GOODMAN GILMAN. New York, Mc Graw-Hill, 2001.

Drug find could give ravers the jitters
HOLDEN, C. Science, 2002.

Ecstasy – Drogue du millénaire ?
HOULE, M. Action Tox 1, n. 1, 2000.

Enquête québécoise sur le tabagisme chez les élèves du secondaire,
2000.
Institut de la statistique du Québec. Sainte-Foy, Gouvernement du Québec,
2001.

Enquête sociale et de santé 1998
Institut de la statistique du Québec. Sainte-Foy, Gouvernement du Québec,
2000.

Karch's Pathology of Drug Abuse
KARCH, S.B. Boca Raton, CRC Press, 2002.

Basic & Clinical Pharmacology
KATZUNG, B. G. New York, Lange Medical Books/McGraw-Hill, 2001.

Les psychotropes : pharmacologie et toxicomanie
LEONARD, Louis et Mohamed BEN AMAR. Montréal,
Presses de l'Université de Montréal, 2002.

Classification, caractéristiques et effets généraux des substances
psychotropes. Dans : l'usage des drogues et la toxicomanie
LEONARD, Louis et Mohamed BEN AMAR. Volume III, Montréal, Gaëtan
Morin, 2000.

Substance abuse - A comprehensive textbook
MAYHEW, D.R., S.W. Brown et H.M. Simpson.Ottawa, Fondation de
recherches sur les blessures de la route, Transport Canada, 1999.

Le problème des accidents liés à l'alcool au Canada : 1999
MAYHEW, D.R., S.W. Brown et H.M. Simpson. Ottawa, Fondation de
recherches sur les blessures de la route, Transport Canada, 1999.

Addictions - A comprehensive guidebook
MC CRADY, B.S. et E.E. EPSTEIN. Oxford, Oxford University Press, 1999.

Drugs and behavior - An introduction to behavioral pharmacology
MC KIM, W.A. Upper Saddle River, Prentice Hall, 2000.

SOURCES BIBLIOGRAPHIQUES

Loi sur les aliments et drogues et du règlement sur les aliments et drogues
Ministre des travaux publics et Services gouvernementaux Canada.
Ottawa, Gouvernement du Canada, 1999.

Le cannabis : positions pour un régime de politique publique pour le Canada
NOLIN, P.C., et C. KENNY. Comité du Sénat sur les drogues illicites, Gouvernement du Canada, 2002.

Severe dopaminergic neurotoxicity in primates after a common recreational dose regimen of MDMA ("Ecstasy")
RICAURTE, G.A. et autres, Science, 2002.

La consommation de PCP à Montréal
ROBITAILLE, C. Montréal, Rapport de stage présenté au Programme d'Éducation et de Sensibilisation aux drogues de la GRC, Université de Montréal, 1998.

La drogue et le cerveau – Tout savoir sur les effets réels
ROQUES, B., V. DEVILLAINE, E. BORALLI et autres. Science & Vie, décembre 2001.

Psychophysiologie
ROSENZWEIG, M.R. et A.L. LEIMAN. Ville Mont-Royal, Décarie éditeur, 1991.

Les jeunes de la rue de Montréal et l'infection au VIH - Étude de prévalence
ROY, É., et autres. Montréal, Groupe de recherche sur les jeunes de la rue et l'infection au VIH, 1996.

Les drogues : faits et méfaits
Santé et Bien-Être Social Canada. Ottawa, Gouvernement du Canada, 2000.

Bilan 2002 – Accidents, parc automobile, permis de conduire
Service des études et des stratégies en sécurité routière, Direction de la planification et de la statistique. Québec, Société de l'Assurance Automobile du Québec, 2003.

Contrôle et vente des boissons alcoolisées 1999-2000
Statistique Canada. Le Quotidien, 5 juin, 2001.

Consommation d'alcool selon l'âge, le sexe et le niveau de scolarité
Statistique Canada, Le Canada en statistiques.
(http://www.statcan.ca/Français/Pgdb/People/Health/health05a_f.htm).

Pourcentage de fumeurs dans la population
Statistique Canada, Le Canada en statistiques.
(http://www.statcan.ca/Français/Pgdb/People/Health/health07a_f.htm).

Consommation des aliments par personne
Statistique Canada. Le Quotidien
(http://www.statcan.ca/Daily/Français/010614/q010614d.htm), 14 juin 2001.

Foye's Principles of Medicinal Chemistry
WILLIAMS, D.A. et T.L. LEMKE. Baltimore, Lippincott Williams & Wilkins, 2002.

Blood alcohol concentrations: factors affecting predictions
WINEK, C.L. et F.M. ESPOSITO. Legal Medicine, 1985.

Problem drug and alcohol use in a community sample of adolescents
ZOCCOLILLO, Mark, Frank VITARO et Richard E. TREMBLAY. Journal of the American Academy of Child and Adolescent Psychiatry, 1999.

ÉDITION QUÉBÉCOISE

La deuxième édition québécoise de ce livre a été réalisée par le Comité permanent de lutte à la toxicomanie (CPLT) avec le concours des personnes suivantes :

Mohamed Ben Amar, Université de Montréal • Pascal Schneeberger, CHUM et RISQ • Pierre Paquin, Régie régionale de la Montérégie • Jacques Bordeleau et Pierre Lescadre, Gendarmerie royale du Canada au Québec, Service de sensibilisation aux drogues • Alain Charest, Santé Canada

Les personnes suivantes ont collaboré à la première édition québécoise de ce livre : Robert Baril • Mohamed Ben Amar Pierre Brisson • Jean-François Cyr • Geneviève Gagneux Michaël Gillet • France Janelle • Nancy Légaré • Louis Léonard • Pascal Schneeberger • John Topp

Direction éditoriale : Rodrigue Paré, président du CPLT et Michel Germain, directeur général du CPLT

Direction de la publication : Michel Germain

Coordination de la publication : Mélanie Jolin

Rédaction : Mohamed Ben Amar, Michel Germain, Mélanie Jolin, Pierre Paquin, Rodrigue Paré et Pascal Schneeberger

Photographies : Gendarmerie Royale du Canada au Québec, Service de sensibilisation aux drogues, Santé Canada et Jean-François Guévin, pharmacien

Graphisme : TRUCS Design

Couverture : D echo D

Édition et diffusion : Comité permanent de lutte à la toxicomanie

ÉDITION FRANÇAISE

La première édition de ce livre a été réalisée par le Comité français d'éducation pour la santé (CFES) et la Mission inter-ministérielle de lutte contre la drogue et la toxicomanie (MILDT) de la France avec le concours d'un comité scientifique et d'un comité de lecture. La liste complète des membres de ces comités est disponible dans la première édition québécoise *Drogues : savoir plus, risquer moins.*

Direction éditoriale : Nicole Maestracci, présidente de la MILDT

Direction de la publication : Bernadette Roussille, déléguée générale du CFES

Coordination éditoriale : Danielle Vasseur, CFES – Patrick Chanson, MILDT

Rédaction : Agnès Muckensturm

Photographies : Frédéric de Gasquet

Illustrations : Gilbert Noury

Édition et diffusion : CFES

Conception : EURO RSCG Corporate

Réalisation : EURO RSCG Publishing

ISBN : 2-908444-65-8